KB167208

첨단무기의 세계

차례
Contents

진화하는 무기체계

6.25전쟁 전후

1950년 6월 25일 새벽, 북한의 기습 남침으로 시작된 6.25전쟁은 우리 군을 어이없이 낙동강까지 후퇴하게 만들었다. 당시 북한군의 야포는 38선의 남쪽을 향해 일제히 불을 뿜었고, 북한군의 기동부대는 서쪽 옹진반도에서 동쪽으로 개성, 전곡, 포천, 춘천, 양양에 이르는 38선 전역에서 공격을 시작했다. 또 유격대와 육전대가 동해안을 따라 강릉 남쪽 정동진과 임원진에 상륙했다.

당시 우리 공군은 경비행기(L-형, T-6) 22대와 1,800여 명

의 병력이 전부였다. 그래서 공군은 전쟁기간 중 미 공군으로
부터 F-51전투기 10대를 인수하는 등 전력을 증강했다. 이어
1951년 8월 1일에는 제1전투비행단을 창설하고, 같은 해 11월
10일부터 유엔 공군의 한 전투단위 부대로 단독 출격작전도
수행했다. 그래서 휴전 당시에는 2개 전투비행단과 1개 훈련
비행단, F-51전투기 80대 등 총 118대의 항공기를 보유하게
되었다.

당시 활약했던 L-4연락기는 현재 공군사관학교가 보관
하고 있는 한 대가 유일하다. 보존가치가 높은 만큼 지난
2010년 등록문화재 462호로 지정되기도 했다. L-5는 공군사

6.25전쟁 당시 미 공군으로부터 인수한 F-51전투기

관학교와 전쟁기념관에 각각 한 대씩 전시하고 있다. 그밖에 F-51은 통일전망대 등에 5대가 남아있으며 대통령전용기로 사용된 C-47은 현재 남아있지 않다.

6.25전쟁 직전 해군은 소해정 26척, 수송선 2척, 유조선 1척, 연안 경비정 2척 등 불과 33척의 함정만 보유하고 있었다. 그리고 전쟁 중에 구잠함과 소해정을 중심으로 4개 정대를 편성했으나 이후 병력과 장비를 보충해 휴전 당시에는 6개 전대를 만들었다. 병력도 개전 초기 5,700여 명에서 1953년 말에는 15,000여 명으로 증강됐다. 그러나 해군은 전쟁 중 전사상자 1,200여 명과 AMC-305호(1950년 6월 29일. 전사 8명), 영덕 동방해상에서 북한군의 기뢰에 접촉해 침몰한 YMS-509(1950년 9월 28일. 전사 25명) 등 함정 5척이 손실되는 큰 피해를 입었다.

6.25전쟁 중 대한해협해전 승리의 주역이었던 백두산함(PC-701)은 현재 해군사관학교에 돛대만 보관 중이며, 이외 대부분의 함정들은 퇴역 후 해체되거나 사격 목표로 사용되어 그 생을 마감했다. 6.25전쟁 당시 사용했던 무기체계를 가장 많이 보존하고 있는 것은 역시 육군으로 다수의 개인장비와 야포, 수송차량들이 남아 있다.

6.25전쟁 발발 직전, 보병 8개 사단과 2개 독립연대를 주축으로 총병력 9만여 명을 보유하고 있던 육군은 3년의 전쟁

6.25전쟁 당시
많이 사용된 카빈 소총

을 치르면서 각급 부대의 증설 및 창설로 휴전 당시 3개 군단, 18개 사단으로 성장했고, 병력도 55만여 명으로 크게 늘었다. 그러나 전쟁 중 전사상자가 무려 60만여 명에 이른다. 당시 전투병 13만 3,016명이 숨졌고, 비전투병 2,842명이 목숨을 잃었다. 실종과 부상자를 합친 인명 피해는 전투병 37만 746명, 비전투병은 22만 8,067명에 이르렀다.

장비와 물자손실도 매우 컸다. 전쟁 중 카빈 소총 3만 8,333정, M1소총 8만 5,560정, 기관총류 3,419정, 로켓포류 2,761정, 박격포류 1,572문, 곡사포류 181문, 무반동총 160정이 파손됐다.

첨단으로 무장한 우리 군

6.25전쟁 당시 속수무책으로 당하던 우리 군은 최근 첨단

강군으로 중무장하고 있다. 특히 맨몸으로 화염병을 들고 싸우던 육군은 지난 60년 동안 기갑전력을 크게 강화해 4세대 탱크인 K-2전차를 개발하는 등 육상전을 책임질 준비를 하고 있다.

우리나라는 1950년 미군으로부터 M36잭슨 경전차를 교육용으로 도입한 이후 1950~1960년대 M4A3E8, M47, M48을 차례로 도입하고, 1970년대에 이르러 '전차 개발의 꿈'을 키우기 시작했다. 1988년 올림픽을 앞두고 이른바 '88전차'인 K-1전차가 양산되었고, 이후 K-1의 포를 105mm에서 120mm로 바꾸면서 장갑을 강화하고 개량형인 K1A1 전차가 양산되어 배치됐다. 그리고 곧이어 순수 국내기술로

국방과학연구소에서 공개한 K-2전차

K-2전차를 개발했다.

K-2는 1,500마력의 고출력 동력장치(엔진 및 변속기)를 장착해 강력한 힘을 자랑한다. 전투중량 55톤에 최고시속 70km, 특히 험한 야지에서는 시속 50km의 속도로 거침없이 질주가 가능하다. 세계 최첨단 전차에 비해 기동력 면에서 손색이 없다. 두산인프라코어가 개발하는 1,500마력짜리 엔진은 완전 전자화된 제어장치를 갖춘 최첨단 디젤엔진으로 소형이면서도 효율성이 높다. S&K중공업이 맡은 변속기 역시 완전 전자화된 자동제어방식으로 전진 6단, 후진 3단에 무한 조향 가변형 고출력 자동변속기다.

적의 대전차 유도탄을 기만하거나 직접 파괴하는 능동방호체계 등 차기 전차가 보유하고 있는 능력은 세계 어느 전차와 비교해도 동등하거나 우월하다. 또 헬기를 잡을 수 있는 점은 매우 큰 강점에 속한다. 이는 구경 120mm 55구경장의 장포신과 최고의 기술로 제작된 탄약 그리고 자동장전장치 등이 결합된 결과다.

차기 전차의 주포는 같은 120mm라도 44구경장인 기존 K1A1주포보다 1.3m가 더 길다. 긴만큼 추진제의 힘을 더 많이 받으므로 탄이 포구를 빠져 나갈 때의 속도가 훨씬 빠르다. 차기 전차는 날개안정분리철갑탄과 다목적 성형작약탄(HEAT-MP) 등 두 종의 탄약으로 최고의 힘을 내뿜는다.

백두산함으로 적함을 막아야 했던 해군도 비약적인 성장을 이뤘다. 이지스(Aegis)함인 세종대왕함(KDX-Ⅲ)을 비롯한 다수의 한국형 구축함은 북한의 함정을 먼저 발견하고 정확하게 격침시킬 수 있는 능력을 갖추고 있다.

최첨단 군사과학기술이 응집된 '꿈의 함정' 세종대왕함은 미국과 일본, 스웨덴, 노르웨이에 이어 세계 다섯 번째로 보유한 이지스 방공 구축함(DDG)이다. 길이 166m, 너비 21m, 무게 7,600톤(경하톤수: 유류, 보급품, 인원 등을 탑재하지 않은 상태의 무게)인 세종대왕함은 현존하는 최강 수상전투함정으로 평가받고 있다. 세종대왕함은 우리 함정 최초로 약 1,000km 밖의 탄도유도탄을 탐지해 사정거리 내에 들어오면 요격할 수 있으며 1,000여 개의 각종 공중표적을 동시에 탐지·추적할 수 있을 뿐만 아니라 20여 개의 표적을 동시에 공격할 수 있

최고 수준의 성능을 자랑하는 세종대왕함

는 뛰어난 방어 및 대응능력을 보유하고 있다. 또 대공 능력이 탁월한데, 스탠더드 유도탄(SM-Ⅱ)과 단거리함대공 유도탄(RAM, Rolling Airframe M issile), 근접방어무기체계(CIWS), 30mm 7연장 기관포 골키퍼(Goalkeeper) 등이 그러한 능력을 뒷받침한다.

세종대왕함은 함대함 교전능력도 우수해 국방과학연구소가 국내 기술력으로 독자 개발에 성공한 최대사거리 150km의 대함유도탄 '해성'을 탑재하고 있다. 해성은 발사 후 수동조작이 필요 없는 순항유도탄으로 해면 위를 스치듯 비행해 적의 탐지를 회피할 수 있으며 해면밀착 공격, 지정고도 공격, 팝업 공격 등 다양한 공격 방법을 보유하고 있다.

또 수상 전투함의 최대 위협 중 하나인 적 잠수함 역시 국내에서 개발된 경어뢰 '청상어'와 대잠유도무기 '홍상어'가 맡는다. 이밖에 KMk45 Mod4 62구경장 5인치(127mm) 함포를 함수에 장착하고 있는데, 이는 미국과 일본의 이지스함에 탑재된 함포와 같은 종류로 국내방산업체 ㈜위아를 통해 국산화한 것이다. 그 외 KDX-Ⅰ급 광개토대왕과 KDX-Ⅱ급 충무공이순신함 등 국산 구축함도 해상 방어의 주역으로 자리 잡았다.

미군에 의존했던 공군은 F-4, 5전투기 시리즈와 KF-16전투기 등에 이어 최첨단 F-15K를 도입, 우리 영공 방어에 나서고 있다. 2005년 12월 12일, 대구 기지에서 명명식을 겸한 도입식이 열리면서 F-15K는 우리 공군의 새로운 주력 전폭기로 데뷔했다. 명명식에서 부여받은 이름은 '슬램 이글(Slam Eagle)'이다.

F-15K의 가장 큰 강점은 전자장비와 탑재무장에 있다. F-15K의 레이더 AN/APG-63(v)1은 현존하는 기계식 레이더 중 가장 신뢰성이 높고 성능이 뛰어난 것으로 알려져 있다. 이는 잔고장이 적다는 것을 의미하며 수색 범위는 고해상도 지형 매핑(MAP-PING, 레이더로 만드는 지도) 92km, 공대공 185km, 해상 최대 37km, 자동포착 18.5km가 가능하다.

엔진은 GE사의 F110-STW-129로 현재 삼성테크윈에서 생산하고 있다. F-15K가 이륙해 3만 피트까지 상승하는 데 걸리는 시간은 약 80초로, 이는 우리 공군의 요구조건인 150초의 절반에 불과하다. 또 엔진과 기체와의 관계를 나타내는 추력대 중량비율은 1.6인데, 이는 상승지

우리 공군의
대표 전폭기인 F-15K

속능력이 우수함을 의미한다. 예를 들어 유로파이터 타이푼 (Eurofighter Typhoon) 전투기가 고도 상승 후 기체안정을 취하고 수평비행을 하려는 동안에 F-15K는 이미 안정된 비행자세를 갖추고 바로 전투에 돌입할 수 있다는 것이다.

F15-K의 운용무장으로는 군용 표준규격인 Mil-Std-1760(디지털 데이터버스)이 적용된 기체 밖 공대지 무장탑재 스테이션 15개소를 갖고 있으며, AIM-9X 슈퍼 사이드와인더 단거리 공대공미사일, AGM-84 하푼(Harpoon) 블록Ⅱ 공대함미사일, GPS 유도폭탄 JDAM, SLAM-ER 공대지미사일, GBU-28 레이저 유도폭탄으로 통합 운용하고 최대 무장탑재량은 23,000파운드다.

하늘의 항공모함, 폭격기

지난 2013년 3월 29일, 북한 김정은 국방위원장 제1위원장이 전략미사일 부대 작전회의를 긴급 소집했다. 미군의 B-2 스텔스(Stealth) 폭격기 때문이었다. 당시 김정은 제1위원장은 B-2 스텔스 폭격기의 한반도 진입에 맞서 북한의 미사일 부대가 언제든지 실전 발사를 할 수 있도록 준비하라고 지시했는데, 북한이 이처럼 민감하게 반응한 이유는 폭격기의 위력 때문이었다.

6·25전쟁 당시에도 마지막 공세를 준비 중이던 북한군을 향해 98대의 B-29 폭격기가 26분 동안 960톤의 폭탄을 퍼부었다. 북한의 김일성 주석도 "미군의 폭격으로 73개 도시

6.25전쟁 당시 북한군에 폭탄을 쏟아 부은 B-29 폭격기

가 지도에서 사라지고, 평양에는 2채의 건물만 남았다"고 언급한 것으로 알려졌다. 특히 폭격기가 무서운 것은 다양한 포탄 이외에도 폭격기 한 대에 다양한 전투기가 호위를 한다는 점 때문이다. 그래서 폭격기는 종종 '하늘의 항공모함'이라고 불린다.

폭격기의 시초는 1849년 오스트리아군이 베네치아(Venezia)군을 공격하기 위해 개발한 소형폭탄 탑재형 무인 소기구다. 이후 제2차 세계대전 말 미국이 B-29 폭격기에 원자폭탄을 탑재해 일본 히로시마에 투하하기도 했다.

제트엔진이 발달함에 따라 폭격기는 항속거리를 기준으로 구분하기도 하는데, 전략목적으로 사용되는 원거리폭격기(9,600km)와 전략공격과 전술목적 모두에 사용되는 중거리폭격기(5,600~9,600km), 전술공격에만 사용되는 공격기(또는 근거리폭격기) 등으로 나눈다.

원거리 폭격기에 해당하는 B-52 스트래토포트리스(Strato Fortress)는 보잉사에서 제작되어 가장 오래 사용되고 있는 전략폭격기로 미·소 냉전 시기인 1950년대 미국이 소련과의 핵전쟁을 위해 육지(탄도탄미사일), 해상(잠수함용 순항미사일)과 함께 공중에서 '핵 보복 3원 체제'를 구축하려는 전략을 수립하면서 본격 개발됐다. B-52는 생산된 대수만 해도 744대에 이른다.

지금도 사용되고 있는 B-52 스트래토포트리스

B-52는 1956년 비키니 섬에 수소폭탄을 투하하면서 알려지기 시작했고, 베트남전에서 3백만 톤의 폭탄을 투하하기도 했다. 이후 개량을 거듭해 1970년 초 G·H형도 나왔다. B-52 기체는 효용성이 뛰어나 2045년까지 사용될 예정이다. B-52는 최대 27톤의 폭탄을 싣고 6,400km 이상의 거리를 날아가 폭격한 후 돌아올 수 있는 장거리 폭격기로 지금도 미 공군의 주력 폭격기로 활약하고 있으며, 길이 48m, 너비 56.4m, 무게 221.35톤에 최대 항속거리가 16,000km에 달한다. 최대 상승고도는 16km 이상으로 고고도 침투가 가능하고, 2,000파운드(약 907kg)의 재래식 폭탄 35발과 순항미사일 12발을 장착할 수 있다.

특히 B-52는 AGM-86 ALCM, AGM-69 SRAM 등의 공대지 핵미사일을 탑재할 수 있는데, 사거리 2,500km인 AGM-86 ALCM의 폭발력은 200킬로톤, 사거리 200km인 AGM-69 SRAM의 폭발력은 170킬로톤 수준이다. 제2차 세계대전 당시 히로시마에 투하된 핵폭탄의 폭발력이 16킬로톤임을 고려하면 그 어마어마한 폭발력을 짐작할 수 있다.

'보이지 않는 폭격기'로 불리는 B-2(스피릿) 스텔스

공대지 핵미사일 AGM86_ALICM

B-2 스텔스 폭격기

폭격기는 B-52를 대체하기 위해 1978년 개발계획이 수립됐는데, 1989년 첫 시험비행이 이뤄진 이후 1993년부터 미 공군에 인도되기 시작해 2003년 22대의 전력화가 완료됐다.

B-2 폭격기는 2세대 스텔스기로 분류되며 꼬리날개가 없는 전익기(全翼機) 폭격기다. 2009년 3월 미 공군의 태평양 지역 전진기지가 있는 괌에 처음으로 배치됐다.

폭 52.12m, 길이 20.9m의 좌우가 긴 형태로 최대속도는 마하 0.9, 무장탑재 능력은 22톤이며, 총중량 18,144kg에 달하는 핵폭탄 16발을 탑재할 수 있다. 최대 비행고도는 약 15km로 고고도 침투도 가능하다. 무장 16,919kg을 탑재할 경우 최대항속거리는 11,680km로 괌에서 출격해 중간 급유 없이 한반도에서 임무를 수행한 후 복귀할 수 있는 셈이다.

B-2 폭격기는 수많은 업그레이드를 거쳤는데, '블록 30' 사양의 경우 통합직격탄(JDAM), 통합장거리무기(JSOW), 통합 공대지 장거리무기(JASSM)를 운용할 수 있는 다기능 중폭격 기로 변모했다.

엔진은 F110에서 업그레이드된 F118 터보팬 엔진을 사용 한다. 엔진의 배기가스는 적의 레이더에 탐지되지 않기 위해 차가운 바깥공기와 섞여 온도를 낮춘 뒤 배출된다. 적외선 탐지를 피할 수 있는 것도 이 때문이다.

미 공군은 처음에 132대의 B-2 폭격기 도입을 요구했으나 획득비용이 치솟자 미주리 주 화이트맨 공군기지 내 제50폭 격비행단에 21대를 배치하는 것으로 만족해야 했다.

B-2 폭격기의 첫 투입은 1999년 3월 코소보 항공전에서 이루어졌으며, B-2A는 아프간전쟁과 이라크전쟁까지 참여해 항속과 스텔스 능력을 인정받는다. 또 위성위치 확인시스템 (GPS) 유도병기를 여러 발 탑재해 미 군사전략에 중요한 위치 를 차지하게 된다. 특히 아프간전쟁에서는 무려 44시간 18분 을 비행하는 최장시간 실전 포격기록도 세웠다.

현재 폭격기는 미국과 러시아, 중국 등 소수 국가에서만 운영하고 있다. 최신예전투기들은 공대공, 공대지 등 다양한 임무가 가능하기 때문에 가급적 수를 줄이는 것이다. 북한도 소수의 구형 폭격기를 보유하고 있는 것으로 알려져 있다.

강력한 화력으로 무장한 공격헬기

현대전에서 공격헬기의 역할은 항공타격, 공중강습, 항공지원으로 나눌 수 있다. 항공타격은 공격헬기 부대가 단독 또는 지상화력, 공군과 연합해 지상, 해상, 공중표적을 공격하는 역할을 수행한다. 핵심 공격대상은 주로 적 기갑, 기계화부대, 화력지원부대 등이다. 공중강습은 중요지역 확보와 적 퇴로차단을 위해 공중강습을 수행하는 보병전력을 착륙지역까지 안전하게 공중엄호하고, 적의 방공무기를 제압하는 역할이다. 항공지원은 지상 기동부대 공중엄호, 항공정찰 및 경계 등을 보조적으로 수행한다.

최근 각국 공격헬기의 공통점은 고출력 쌍발엔진 탑재, 내

탄성 보강, 다종의 생존장비 장착으로 기동력과 생존성을 크게 향상시킨다는 것이다. 특히 대전차유도탄, 분산형 로켓탄, 구경 20mm 이상의 기관총, 공대공미사일 등을 탑재 운영해 정밀성과 파괴력을 높이고 있다. 뿐만 아니라 정밀 항법장비를 보유해 야간과 악천후에도 다양한 단독 작전임무를 수행할 수 있다.

이러한 공격형 헬기들의 활약은 걸프전에서도 입증됐다. 걸프전에 동원된 미 육군의 헬기는 아파치 274대, 코브라 221대, 워리어 132대, 블랙호크 489대, 치누크 163대로 베트남전과 비교해 규모는 줄었지만 근접 항공지원, 수송, 구난, 특수부대 투입, 조기경보망 공격 등 다양한 임무를 수행했다.

공격헬기가 처음 등장한 것은 프랑스가 참여한 알제리전쟁(1954~1962)에서다. 당시 프랑스 육군항공대는 미국에서 만든 H-34와 H-21 수송헬리콥터를 약 250여 대 운용하고 있었다. 프랑스군은 민족해방전선의 동굴진지를 공격하기 위해 H-34와 H-21 수송헬리콥터에 12.7mm 기관총과 20mm 기관포를 장착하고, 지상제압용으로 대전차로켓도 사용했다. 작전은 성공적으로 마무리 되어 민족해방전선의 지상군을 제압하고 강습부대가 안전을 확보하는 데 이만한 지원이 없었다.

미군이 공격헬기를 실전에 처음 배치한 것은 베트남전쟁

베트남전쟁에 투입됐던 UH-1B

으로 수송헬기를 엄호하기 위해 미국 벨(Bell)사의 UH-1B 헬기에 기관총과 로켓을 장착해 사용했다. 당시 미국은 1965년 제1기병사단을 파견한 데 이어 1968년 개편한 제 101공수사단을 투입해 지상군이 철수하기 전까지 주력군으로 활용했다. 또 각 보병사단에 헬기부대를 배속시켜 독립부대로 제1항공여단을 창설했다.

1971년 2월, 미군은 '헬리본 작전'으로 알려진 람손719 작전 당시 북베트남군의 보급로를 끊기 위해 공격헬기를 투입했다. 이때 AH-1G 공격헬기 148대, UH-1 353대, CH-48 77대 등 총 725대에 달하는 헬기 전력이 투입됐다.

베트남전에서 공격헬기의 중요성을 깨달은 미 육군은 1960년대 말부터 본격적으로 공격헬기 개발에 나선다. UH-1

기동헬기를 기반으로 해 AH-1G 공격헬기를 처음 개발한 뒤, 1975년부터는 AH-1G에 토우(TOW) 대전차유도탄을 장착해 대전차 능력을 향상시킨 AH-1S 코브라(Cobra) 헬기를 선보인다. 그리고 1987년까지 미 육군의 모든 AH-1 계열 헬기를 AH-1S 코브라 헬기로 개조한다.

하지만 코브라 헬기는 어디까지나 기동헬기를 기반으로 개발됐기 때문에 기동성과 민첩성, 무장능력에서 제한이 있다. 이러한 제한사항을 극복하고 공격성을 강화시킨 모델이 바로 AH-64A 아파치(Apache) 헬기다.

아파치헬기는 1989년 롱보우(Longbow) 레이더를 장착해 발사 후 망각방식으로 표적을 공격할 수 있는 대전차유도탄을 탑재한 후 실전에 배치됐다. 롱보우 레이더는 10~15km 이내에서 1,000개 이상의 지상목표물에 대해 적을 구별하고, 이중 128개의 목표물을 동시에 추적할 수 있다. 이후 2010년까지 AH-64D 블록(block) Ⅲ를 개발했고, 2011년부터 순차적으로 미 육군에 인도됐다.

아파치의 제원은 길이 17.73*m*, 높이 3.87*m*, 로터 직경 14.63*m*다. 최대 이륙중량 10.4톤, 최대속도 293*km*, 최대 순항속도 261*km*, 최대 항속거리는 483*km*로 3시간 동안 공중 임무를 수행할 수 있다.

아파치에는 레이저 조준으로 최대 8*km* 거리에서 적의 전차

공격성을 강화시킨 아파치 헬기

나 벙커를 격파할 수 있는 헬파이어 미사일(AGM-114) 16발을 장착할 수 있다. 또 30mm M230 기관총을 장착해 두꺼운 장갑도 뚫을 수 있다. 대전차 미사일 대신 70mm 히드라 로켓포나 스팅거, 사이드와인더 등 공대공미사일도 장착할 수 있다.

아파치는 'TADS/PNVS'라는 정교한 센서를 장착해 야간에도 정밀타격이 가능하다. TADS는 전방 화기관제사의 헬멧과 연동해 헬멧의 움직임에 따라 M230 체인건의 조준방향이 이동한다.

아파치는 1989년 파나마침공 작전에 첫 투입됐으며 이후 1991년 걸프전에 8대가 투입되어 비밀타격 작전을 수행했다. 미 육군은 2015년부터 2017년까지 현재 총 690대의 아파치 가디언을 획득할 예정이다. 주한 미군은 3개 대대 72대의 아파치 헬기를 운용하지만, 아파치 2개 대대를 철수시켜 현재 1개 대대 24대만 남아 있다.

아파치는 고정익 항공기에 비해 낮은 고도에서 지형의 특성을 이용한 전술지형 비행이 훨씬 유리하다. 지상에서 아군 병력이 차량으로 이동할 때 공중에서 근접해 저속으로 호위가 가능하며, 적의 공격 시에는 즉각적인 공격으로 화력 지원을 할 수 있다.

우리나라는 1991년 AH-64A 아파치 배치를 시작했고, 2001년부터 AH-64D 아파치 롱보우로 대체됐다. AH-64 A/

D의 한반도 배치목적은 주한 미군 제2사단을 지원하는 임무와 주요 기갑 침투로를 신속하게 방어하는 공중기동 화력이다. 특히 서해안을 통해 침투하는 북한 해군의 공기부양정 및 상륙정을 격멸하는 주요 전력이라 할 수 있다.

최종병기, 대륙간탄도미사일

2013년 2월, 북한이 대륙간탄도미사일(ICBM, Intercontinental Ballistic Missile) 보유 의사를 노골적으로 드러냈다. 북한은 그간 장거리로켓(미사일) 발사를 '평화적 위성발사'라고 주장해온 태도를 바꿔 직접적으로 ICBM을 언급하기도 했다.

북한은 주로 옛 소련으로부터 지상무유도로켓(FROG) 계열의 단거리 유도무기를 도입해 전력화했다. 중국과 미사일 공동프로젝트에 참여해 스커드-B의 모방생산 등으로 자체생산 능력을 확보하기도 했다. 이때부터 북한은 미사일을 자체 개발하기 시작하고 사정거리를 연장하는 등 성능을 개선했다.

현재 북한은 사거리 10,000*km* 이상의 장거리 미사일 능력을 거의 확보했기 때문에 핵탄두의 소형화·경량화만 달성하면 미국 본토를 위협할 수 있는 대륙간탄도미사일 개발에 바짝 다가설 수 있다. 북한이 보유한 탄도미사일로는 사거리 300~500km의 스커드와 사거리 1,300km의 노동, 사거리 3,000km 이상의 무수단, 사거리 6,700km 이상의 대포동 2호 등이 있다.

순항미사일의 장점이 정밀타격이라면 탄도미사일의 장점은 빠른 비행속도다. 현재 탄도미사일의 속도는 초속 약 3km로 F-15 전투기 최대 속도의 약 4배에 이른다. 단거리미사일의 비행시간은 몇 분에 불과하며 대륙간 탄도미사일의 비행시간도 30분 안팎이다.

탄도미사일을 방어하는 시스템(탐지, 식별, 추적, 무기할당, 요격)의 배치와 운용에는 막대한 비용 및 기술이 필요하기 때문에 탄도미사일의 보유는 상대국에게 절대적 위협이 될 수 있다. 또 탄도미사일에는 핵과 생화학무기 등 다양한 종류의 탄두를 장착할 수 있다.

탄도미사일을 처음 개발한 것은 제2차 세계대전 당시 독일군이다. 독일은 당초 동호회 수준에서 로켓을 연구하기 시작했다. 하지만 도른 베르거(Walter Robert Dornberger) 장군과 '로켓의 아버지'라고도 불리는 베르너 폰 브라운(Wernher Von Braun) 박사는 우주에 가고 싶다는 작은 상상을 전쟁에 쓰일

제2차 세계대전 당시 영국을 공포에 떨게 만든 V-2

무기로 바꿔버린다. 바로 탄도미사일 'V-2'였다.

제2차 세계대전이 막바지를 향해 가던 1944년 9월, 독일은 이후 9개월 동안 영국 런던 등을 향해 약 6,000발의 V-2를 발사했다. 이로 인해 약 3만 7,000채의 주택이 완파됐고, 150만 채의 주택이 손상됐다. 또 약 9,000명이 사망하고 2만 5,000명이 부상당했다. 많은 역사가들은 지금까지도 V-2가 인류에게 큰 불행을 안겨줘 실패한 무기였다고 비판하지만, 당시 상황에서 V-2만큼 위력적인 무기는 없었다. 이 때문에 냉전시대를 맞은 미국과 구소련 등 강대국에서도 탄도미사일에 욕심을 내게 된다.

강대국 중 최초의 대륙간탄도미사일을 개발한 것은 러시아로 1957년 'R-7'을 생산했다. 최근 러시아는 유럽 미사일방어(MD) 시스템을 뚫을 수 있는 신형 ICBM 시험발사에 성공하기도 했다. 신형 ICBM은 기존 ICBM인 '토폴-M'과 '야르스'를 발전시켜 만든 5세대 무기로 알려졌다. 최대 16,000km의 사거리를 갖췄으며 초음속으로 목표물에 다가갈 때 탄두별로 방향 전환이 가능하다고 한다.

인도도 사거리 5,000km의 대륙간탄도미사일인 '아그니V'를 개발했다. 아그니V는 핵탄두를 탑재할 수 있는 ICBM으로 인도 자국 기술로 개발됐다. 아그니V는 이론적으로 아시아 전역과 유럽 일부 지역을 사거리에 둔다.

일본은 북한의 미사일 실험을 계기로 패트리어트 미사일을 배치하는 움직임을 보이기도 했다. 일본은 마음만 먹으면 언제든지 ICBM을 개발할 수 있는 기술력을 보유하고 있다. 1970년 인공위성 발사에 성공해 미국과 구소련, 프랑스에 이어 세계 네 번째의 인공위성 보유국이기 때문이다.

중국은 1980년대 ICBM 개발계획을 수립한 후, 2000년대 초반 본격적인 개발에 착수했다. 중국이 보유한 신형 ICBM '둥펑(東風)-41'은 최대사정거리가 14,000km로 미국 본토 전역을 타격할 수 있는 위력을 지녔다. 특히 핵탄두 10개가 동시 탑재 가능한 다핵탄두미사일(MIRV)로 각기 다른 목표를

중국의 대륙간탄도미사일, 둥펑-41

향해 비행할 수 있다. 군사전문가들은 최대 음속의 10배로 비행하는 핵탄두들이 최대 10개의 목표물을 동시 타격하게 되면 미국의 첨단 미사일방어 시스템으로도 완벽한 요격이 불가능할 것으로 분석하고 있다.

주변국의 이러한 탄도미사일 보유에도 불구하고 미국은 우리나라의 미사일 사거리연장을 반대해왔다. 중국과 일본을 자극해 동북아 군비 경쟁으로 이어질 것이라 생각하기 때문이다. 우리나라가 미사일로 베이징이나 도쿄를 타격할 능력을 갖출 경우 중국과 일본을 자극할 것이고, 결국 동북아 정세가 불안해진다는 것이다.

이에 우리나라는 미국과 1970년대 맺은 탄도미사일 지침을 통해 '사거리 180km, 탄두 중량 500kg 이내의 미사일만 개발한다'는 데 합의했다. 이후 2001년 사거리를 300km로 재조정한 뒤 10년째 지침을 유지해왔다. 이 때문에 우리나라는 그동안 사거리는 늘리지 못하고, 정확도를 우선으로 한 순항미사일을 개발해왔다. 하지만 중국은 이미 ICBM을 실전 배치했고, 일본도 ICBM 능력을 확보하고 있어 이러한 논리는 현실적으로 받아들이기 어려웠다.

　결국 한미 양국은 2012년 한미미사일 지침을 개정해 탄도 미사일의 사거리를 기존 $300km$에서 $800km$로 늘렸다. '트레이드 오프(Trade-off)' 원칙이 적용돼 사거리 $800km$일 때 탄두 중량은 $500kg$으로 제한을 받지만, 사거리를 줄이면 탄두 중량을 늘릴 수 있게 된 것이다. $800km$의 사거리는 우리나라 중부 지역(대전)을 기준으로 북한 전역을 커버할 수 있는 수준이다.

든든한 이동병기, 군용 차량

험비(Humvee)의 개발은 1985년으로 거슬러 올라간다. 당시 미군은 각 군에서 다양하게 사용하는 군 차량을 통합하기 위해 자동차기업에 전술차량 개발을 요구했다. 가장 먼저 개발에 뛰어든 업체는 대표적인 스포츠카 브랜드인 람보르기니(Lamborghini)였다. 람보르기니는 첫 모델 '치타(Cheetah)'를 선보였지만 성능은 만족스럽지 못했다. 미군이 요구한 전술차량의 성능은 전 세계 어떤 지형도 통과할 수 있는 험로 주행능력, 하천을 건널 수 있는 도하 능력, 어떤 악조건도 이겨낼 수 있는 차체 강도 그리고 손쉬운 정비였다.

람보르기니는 미군의 의견을 반영, 치타를 변형해 민수용

차량 'LM002' 모델을 선보였다. 이 모델은 지금은 300대만이 남아 있는 전설의 SUV(Sports Utility Vehicle)가 되었다. 이후 크라이슬러, 포드 등 미국 자동차업체들이 신형 전술차량사업에 참여하고, 최종사업자로 AM제너럴이 선정됐다.

AM제너럴에서 생산한 험비는 군용 차량의 상식을 뛰어넘는 고기동 차량으로 경사각 60도를 오를 수 있고, 46cm 높이의 수직장애물이나 76cm 깊이의 참호도 거침없이 통과할 수 있는 전천후 주행능력을 자랑했다. 폭발적인 인기에 AM제너럴은 민수용 허머 H1, H2, H3 모델을 선보이기도 했으나 2010년을 마지막으로 생산을 끝냈다.

군용 험비는 총 15가지 종류가 납품됐다. 가장 기본적인

민수용 험비인 Hummer-H3

모델이 M998 물자수송형이다. 특별한 무장은 없는 상태이며 병력과 물자수송을 위해 필요에 따라 차량 커버를 탈부착할 수 있다. 적재함부에 설치된 접이식 의자에는 양쪽에 각각 4~5명까지 무장병력이 앉을 수 있다.

M1037과 M1042 장갑강화형은 기본형 험비보다 방탄성능을 강화한 모델이다. 외형적으로는 기본형과 별 차이가 없으나 적재함부를 방탄용 재질로 사용해 방탄 성능을 강화했다. 수송 임무보다는 주로 지휘통제용이나 통신중계용으로 많이 쓰인다.

XM1109 장갑강화형 모델은 기존 험비에 비해 대인지뢰, 대전차지뢰에 대한 장갑 성능을 강화한 모델로 내구성을 높

험비 M1042 장갑강화형 모델

였다. 차량 전면은 7.62mm탄과 12파운드의 대전차지뢰까지 막을 수 있다.

원래 험비는 미군 보병의 대표적인 아이콘으로 1989년 파나마전쟁 실전을 시작으로 걸프전, 소말리아 파병, 아이티 침공 작전, 보스니아 내전 등 작전이 있는 곳이면 어디든지 달려간 대표적인 군용차량이었다. 험비는 현재 미 육군, 공군, 해군, 해병대에서 약 16만여 대를 사용 중이며 쿠웨이트, 사우디아라비아, 태국, 대만에서도 2만여 대를 운용 중이다.

험비는 끊임없이 성능을 개량해왔지만 급조폭발물(IED, Improvised Explosive Device) 공격에는 속수무책이라는 단점을 갖고 있었다. 최근 미군은 이라크와 아프가니스탄에서 집중적인 IED 공격을 받았으며, 그로 인한 사상자가 전사자의 60%에 육박할 정도였다. 이에 대응해 미군이 도입한 것은 지뢰방호 장갑차(MRAP, Mine-Resistant Ambush Protected)다. 미군은 2008년 한 해에만 110억 달러의 예산을 들여 특수장갑차 7,700여 대를 추가로 도입했다.

우리나라도 레바논 파병을 위해 '바라쿠다' 장갑차를 부랴부랴 만들어 배치했다. 바라쿠다 장갑차는 독일 TR-170 장갑차의 조립생산 노하우를 바탕으로 대우종합기계가 독자 개발한 제품이다. 자이툰 부대를 위해 육군이 주문해 RPG-7 방어펜스를 설치하고, 12.7mm 포탑과 연막탄 발사기를 장

파병 부대의 발 역할을 하고 있는 바라쿠다 장갑차

착했다. 하지만 방탄 성능이 취약하다. 50m 밖에서 발사된 7.62mm탄을 막는 수준으로 알려졌다. 바라쿠다의 전투중량은 12.3톤으로 조종수 2명 외에 10명의 보병이 탑승 가능하고, 최고시속은 93km/h, 판매가격은 대당 4억 6,000만 원에 이른다.

우리 군도 곧 '한국형 험비'를 개발하기로 했다. 험비의 정식명칭은 다목적기동차량(HMMWV, High Mobility Multipurpose Wheeled Vehicle)이다. 2015년까지 현재 사용 중인 1/4톤, 1¼톤 차량을 기아자동차가 개량해 한국형 험비로 대체하기로 한 것이다. 개발비용은 약 216억 원이며 2,000여 대를 해병대 등에 배치할 예정이다.

한국형 험비인 소형전술차량은 중량 약 5톤에 탑승인원은 4~8명이다. 지휘차량, 수색차량, 관측차량, 정비차량 등 4종류로 나눠 개발하며, 최고속도는 약 100km/h 내외이고 50m 거리에서 5.45mm 개인화기탄을 쐈을 때 견딜 수 있는 차체로 만들어진다. 상하부는 대인지뢰 폭발도 막을 수 있다. 또 방탄유리로 방호기능을 높이고, 충격 등으로 생기는 타이어 펑크에 대비해 런플랫 타이어(Runflat Tire, 펑크가 나도 주행 가능한 타이어)를 적용했다.

정확하고 파괴력 있는 타격, 정밀유도폭탄

2012년 서울을 비롯해 인천·파주 등 수도권 서북부 지역 기지국에서 휴대전화 위성위치정보시스템(GPS) 수신장애가 발생해 논란이 됐다. 군 당국이 파악한 교란전파의 진원지는 북한이었다.

북한의 GPS 교란전파는 무엇을 노리는 것일까? 일각에서는 항공기 등의 이착륙 혼동으로 인한 대형사고를 유발시키고, 어선들의 항해를 방해해 월남을 유도하기 위한 것이라는 주장도 있다. 하지만 군 당국은 한·미 양국군의 GPS 활용장비에 대한 교란능력 수준을 측정하기 위한 것이라 판단하고 있다. 즉, KF16 전투기에 장착된 정밀유도폭탄과 같은 첨단 유도무기의 무력화가 최종목표라는 것이다.

정밀유도폭탄을 사용하면 전쟁에서 비용과 시간을 대폭
줄일 수 있다. 이는 제2차 세계대전과 베트남전에서 이미 입
증됐다.

정밀유도폭탄의 원조는 제2차 세계대전에서 모습을 드러
낸 독일의 중장갑 타격용 '프리츠(Fritz) X'다. 프리츠 X는 길이
3.3m, 무게 1.4톤의 초강력 폭탄에 폭 1.4m의 날개, 조절판,
꼬리날개 등을 장착했다. 1938년 개발을 시작한 프리츠 X는
1943년 7월 21일 실전 배치되었다. 그리고 그해 9월, 단 세
발의 프리츠 X로 이탈리아 해군의 비토리오 베네토급(Classe
Vittorio Veneto/만재배수량 45,000톤급) 전함 3척 중 1척을 침몰시
키고, 다른 1척을 항해불능에 빠뜨렸다. 당시만 해도 라디오
원격조정의 수신방식으로 낙하궤도를 수정했으나 베트남전
쟁에 이르러 레이저 수신방식으로 바뀌었다.

'프리츠 X'의 모형

1964년 미국의 텍사스 인스트루먼트(Texas Instruments)사가 개발한 유도폭탄의 위력은 어마어마해 미국이 4년간 연 600대의 전투기와 폭격기로도 폭격에 실패한 탄 호아(Thanh Hoa) 철교를 한 번에 해결했다. 미국은 걸프전에서 정밀유도폭탄을 전체 폭탄의 8% 정도 사용했다. 그리고 2003년 이라크전쟁 때는 전체 폭탄의 68%까지 늘렸다.

레이저유도폭탄은 범용폭탄에 레이저유도 키트를 장착해 완성한다. 장착되는 레이저유도 키트 중 가장 유명한 것은 미국의 페이브웨이(Paveway)다. '페이브웨이'라는 명칭은 레이저유도폭탄 개발을 위한 프로젝트명에서 유래한다.

레이저유도폭탄이 목표물에 유도되는 원리는 간단하다. 전투기나 지상군이 목표물에 레이저빔을 비추면 전투기 조종사가 목표 근처 상공에서 레이저유도폭탄을 투하한다. 그러면 낙하 중인 폭탄이 목표물에 반사된 레이저빔을 감지해 목표를 따라가 명중하는 것이다. 1960년대 처음 실전에 투입된 페이브웨이 시리즈는 '페이브웨이 I'이었고, 1973년부터는 개량된 '페이브웨이 II' 시리즈가 등장했다. 페이브웨이 II는 전개식 핀이 장착되어 사정거리가 늘어났다. 이어 1986년부터 배치된 '페이브웨이 III' 시리즈는 최종 단계인 레이저유도 이전 중간 단계에 디지털 자동조종장치를 사용하는 2단계 유도방식이 적용되고, 대형핀을 사용해 저고도에서 더 먼 거리까지 투하가 가능하도록 개발됐다.

하지만 정밀유도폭탄인 레이저유도폭탄도 한계가 있었다. 안개가 끼거나 구름이 낮게 깔리면 레이저빔 연결이 되지 않아 오폭이 발생한 것이다. 이에 발전된 폭탄이 GPS유도폭탄이다. 최초의 GPS유도폭탄은 1992년 미국 노스롭 그루먼사(Northrop Grumman Corp.)에서 생산한 GPS유도폭탄 'GAM'이다. GAM은 GBU-36/B와 GBU-37/B로 분류된다.

이후 나온 모델이 미국 보잉사의 합동직격탄 JDAM(Joint Direct Attack Munition)이다. 1996년부터 개발된 JDAM은 GPS와 관성항법장치(INS)가 내장되어 있다. 날개 부분에는 방향조정용 플랩이 붙어있다. 키트는 범용폭탄 후미에 장착된 폭

JDAM 발사 장면

탄을 정밀 유도한다. JDAM은 GPS위성의 정보를 받아 목표 물까지 정확하게 폭탄을 유도한다. 만일 적의 전파 방해로 GPS위성의 정보를 받을 수 없으면 INS를 사용해 유도한다. 하지만 GPS유도 시 13m인 오차는 30m로 커진다는 약점이 있다.

최근에는 정밀유도폭탄의 약점을 보완한 다양한 폭탄이 나오고 있다. 레이저유도폭탄 페이브웨이 시리즈에 GPS유도 기능을 추가시키고, GPS유도폭탄인 JDAM에는 레이저 유도 기능을 추가하기도 했다.

우리 공군은 현재 페이브웨이 시리즈와 JDAM 외에 한국 형 활강유도무기키트(KGGB, Korea GPS Guide Bomb)를 개발해 전력화하기로 했다. KGGB를 재래식 무기에 장착하면 글라이 더처럼 활강시켜 숨어있는 적을 공격할 수 있다. 그러면 기존 의 재래식 폭탄이 모두 유도무기로 개량되고, 산 너머까지 비 행하다 선회해 북한의 장사정포를 파괴할 수 있다는 것이다. 기존의 JDAM은 사정거리가 20km에 불과했지만, KGGB를 장착한 일반폭탄은 사정거리도 늘어난다. 키트에 내장된 날 개 때문이다. 날개는 폭탄의 기동성과 활공능력을 높일 수 있 어 탄종과 고도에 따라 74~111km까지 사정거리를 늘릴 수 있다. 북한의 장사정포를 타격하기 위해 전방까지 비행할 필 요 없이 수원 공군비행장에서도 발사할 수 있다는 것이다.

KGGB를 장착한 폭탄은 투하 후 유도키트에 입력된 표적으로 비행하지만, 비행 도중 표적자료의 변경도 가능하다. 북한의 장사정포를 타격하는 경우, 디지털 지도에 표적 정보를 입력하고 진입 각도와 경로만 지정하면 된다. 공격 오차 범위도 시험발사 당시 3m 정도로 정밀했다. 군 당국은 북한의 장사정포 등에 대비해 2014년까지 500파운드짜리 MK-82 항공기용 투하폭탄을 개량한 KGGB 1,600여 발을 생산할 예정이다.

한국형
GPS정밀유도폭탄의
개념 모델

첨단기술의 결정체, 무인항공기

세계 최초의 유인비행기는 1903년 라이트형제가 개발한 'NO.1'으로 그해 12월 17일 12초 동안 비행해 세상을 떠들썩하게 만들었다. 하지만 사람이 탑승하지 않은 무인기는 라이트형제의 비행기보다 20년 앞서 개발됐다.

세계 최초의 무인항공기는 1883년 영국인 더글러스 아치볼드(Dougls Archibald)가 만들었다. 당시의 무인항공기는 동력이 아니라 바람을 이용한 것으로 연줄에 무인항공기를 매달아 풍향계를 달고 바람을 측정하는 수준이었다. 그러다 무인항공기가 처음 정찰용으로 사용된 건 1888년이다. 미국인 윌리엄 에디(William Eddy)가 스페인과의 전투에서 카메라를 장착한 연을 띄워 사진을 촬영하기도 했는데, 이것이 실전에서 사용된 최초의 정찰용 무인항공기다.

하지만 무인항공기의 필요성을 여실히 보여준 것은 역시 베트남전쟁이다. 당시 베트남군은 미군기 한 대를 격추하기 위해 33~55발의 미사일을 발사했다. 미사일 55발의 가격이 F-4 팬텀기 한 대보다 저렴했기 때문에 월맹군의 입장에서는 손해 보는 장사가 아니었다. 1966년 말까지 미군기는 무려 455대나 격추당했다.

이에 대응해 미군은 텔레다인 라이언(Teledyne Ryan)사가 개발한 '파이어플라이'를 투입했다. 이 무인기는 베트남전쟁 기간 중 모두 3,435회 출격해 2,873회 무사히 복귀했다. 결국 힘들게 양성한 조종사를 임무로부터 보호한 것은 무인항공기였다.

무인항공기는 경제적인 측면에서도 장점이 많다. 미국의 대표적인 명품항공기인 U-2정찰기의 경우, 개발기간은 8개월 정도 걸렸으며 1955년 8월 처녀비행이 실시됐다. 처녀비행까지 걸린 소요비용은 약 2억 4,300만 달러였다. 공격기인 F-16과 X-45의 경우도 비슷하다. F-16과 X-45의 개발기간은 각각 23개월과 49개월이었고, 처녀비행은 1974년 1월, 2002년 5월에 실시했다. 소요비용은 F-16이 1억 300만 달러, X-45는 1억 7,300만 달러가 소요됐다.

X-43A의 개념도

가장 빠른 속
도를 자랑하는 무인항
공기는 미 항공우주국(NASA)
에서 개발한 'X-43A'다. 이 무인
항공기는 지난 2004년 11월, 음속의 10배인 마하 10(약 시속
11,000km)을 기록했다. 가장 빠른 제트항공기인 블랙버드 정
찰기(SR-71)의 속도인 시속 3,500km의 세 배에 이른다. 스크
램(Scram) 엔진을 장착한 X-43A는 마하 15의 속도도 가능한
것으로 알려져 있다. 차세대 우주로켓엔진으로 손꼽히는 스
크램 엔진은 산소통이 필요 없어 가볍고, 덕분에 비행속도도
빠르고 발사비용은 저렴하다.

가장 큰 무인항공기는 미국 노스롭 그루먼사의 '글로벌 호
크(Global Hawk)'로 날개 35.42m에 몸체 길이 13.53m, 최대중
량이 11,612kg에 달한다. 덩치가 커 1,500m 이상의 긴 활주
로가 필요하지만, 15~20km의 고도에서 시속 635km의 속도
로 22,200km까지 비행할 수 있는 장점도 있다. 또 지상 20*km*
상공에서 레이더(SAR)와 적외선 탐지장비 등을 통해 지상
0.3m 크기의 물체까지 식별할 수 있는 첩보위성 수준의 전략
무기이기도 하다.

프레데터(Predator)는 정찰용으로 지난 1994년부터 개발이 시작됐다. 제작사 제너럴 아토믹스(General Atomics)사는 1994년 7월 프레데터의 첫 비행을 성공시키고, 이듬해 4월 유고슬라비아 내전에 투입해 최초의 정찰 작전을 벌이기도 했다. 당시 프레데터는 적외선 감지기와 합성개구레이더(SAR, Synthetic Aperture Radar / 일종의 레이더영상카메라)의 탑재로 이전에는 볼 수 없었던 새로운 정찰 능력을 선보였다.

실력을 입증 받은 프레데터는 1996년부터 군에 배치되기 시작해 배치된 첫해부터 성과를 올리기도 했다. 당시 미 중앙정보국의 감시를 피하기 위해 아프가니스탄에서 수시로 거처를 옮기던 오사마 빈 라덴(Osama Bin Laden)을 찾아낸 것이

고고도 무인정찰기인 글로벌호크

MQ-1B 프레데터

다. 하지만 무장이 없었던 프레데터는 결정적인 순간에 '빈 라덴'을 공격하지는 못했다.

이에 미 중앙정보국과 미 공군은 프레데터에 무장을 장착하기로 결정하고, 2001년 2월 헬파이어 대전차 미사일을 장착한다. 이렇게 다시 태어난 무장형 프레데터의 이름은 'MQ-1'으로, 여기서 M은 다목적(Miscellaneous)을, Q는 무인기(Unmanned Aircraft System)를 의미한다.

가장 작고 가벼운 무인항공기는 캐나다 마이크로 파일럿(Micro Pilot)에서 개발한 'MP2028g'이다. 이 무인항공기는 무게 28g, 길이 10cm, 높이는 1.5cm다. 또 일본의 세이코 엡손

(Seiko Epson)사는 배터리 포함 무게가 12.3g에 불과한 'iFR-2'를 개발했다. iFR-2는 직경 13.6cm, 높이 8.3cm에 불과하지만 지상의 모니터로 촬영 이미지 전송도 가능하다.

우리나라의 무인항공기 역사는 1978년으로 거슬러 올라간다. 당시 서울대학교, 한국항공대학교, 한국과학기술원(KAIST)은 대공사격훈련용 무인표적기 개발에 착수했다. 이때 개발된 무인표적기는 현재 연간 약 100대가 생산돼 육·해·공군 및 방공부대에 납품되고 있다.

1991년에는 대우중공업(현 한국항공우주산업, KAI)이 국방과학연구소와 함께 군사용 무인정찰기 개발에 착수했다. 당시 개발된 '도요새'는 1993년 첫 비행에 나섰지만 기술적 어려움을 겪어 군에 배치되기는 힘들었다.

이외 대우중공업은 1992년 농약살포 등 농업용 무인헬기개발에 착수해 'ARCH-50'으로 명명된 시제기를 개발했다. 하지만 이 시제기는 경제적인 이유로 양산되지 못했다. 1993년부터 동인산업에서 '매직아이'라고 불린 소형무인정찰기를 개발, 시험비행까지 마쳤으나 실용화에는 실패했다.

결국 우리나라의 군사용 무인정찰기로 첫 비행에 성공한 것은 도요새의 기술 보완을 거쳐 탄생한 '송골매'다. 한국항

우리 군에서 운용 중인 무인정찰기 '송골매'

공우주산업이 2000년 송골매의 개발을 완료함으로써 우리
나라는 독자 개발 무인기를 운용하는 세계 10개국의 반열에
오르게 되었다. 현재 송골매는 육군 군단에서 운용 중이다.

　현재 국내 무인항공기 산업에서는 한국항공우주산업과
대한항공을 비롯해 손으로 던져 이륙시키는 '스캐너' 무인항
공기를 개발한 서원무인기, '리모아이'를 개발한 유콘시스템
등이 활동 중이다.

끝없는 개량의 산물, 소총

우리 군은 K-1과 K-2 소총을 주력화기로 사용하고 있다. 우리나라 소총은 S&T모티브에서 생산되며 최근에는 피카티니(Picatinny) 레일시스템을 채용한 K-2C도 등장했다. 레일시스템은 총기에 결합장치를 만들어 조준경과 레이저 조준기, 전술용 조명장치 등 다양한 부품을 장착할 수 있다. 심지어는 유탄발사기나 산탄총까지도 장착할 수 있다.

레일시스템은 세계 소총시장에서도 대세다. 러시아도 명품 돌격소총 AK-47에 레일시스템을 장착한 모델인 AK-12 소총을 개발했다. 레일시스템에는 간조준기와 유탄발사기, 표적표시장치 등 특수장비 장착이 가능하고, 단발사격에서 자동

사격까지 세 가지 방법으로 발포할 수 있다. 또 왼손잡이와 오른손잡이 모두 사용 가능하며 한 손으로도 쉽게 다룰 수 있다.

대테러전에 맞서 개발되고 있는 자동소총도 초기에는 볼품이 없었다. 처음 자동소총을 개발한 것은 독일이다. 제2차 세계대전 당시 소총은 5kg에 육박하는 무게에 직경 7mm 내외의 탄환을 사용했고, 대부분 수동으로 한 발씩 장전했다. 물론 기관단총이 등장하긴 했지만 권총탄을 사용해 사거리가 100m에도 이르지 못했다. 따라서 가볍고 자동발사가 가능한 개인화기, 연발사격 능력과 사정거리의 한계를 보충할 수 있는 개인화기가 절실했다.

이에 개발된 것이 Gewehr 41 반자동 소총이다. Gewehr 41 소총은 볼트액션처럼 수동으로 장전하지 않고도 소총탄을 발사할 수 있다는 장점이 있었다. 하지만 문제는 고장이 잦았다. 그래서 생각해낸 것이 탄환의 개발이었다. 기존의 8mm 소총탄을 바탕으로 길이를 줄인 탄환이 생산되자 새로운 모델의 총기가

Gewehr 41 소총

M14의 개량형인 M14 EBR

등장했고, 다양한 시도 끝에 StG 44가 탄생했다.

　이에 자극을 받은 서방 국가들도 새로운 총 개발에 나섰다. 미국의 M14 소총, 영국의 FN FAL 소총이 대표적이다. 이들 소총은 7.62x51mm 나토 탄환을 사용해 사정거리는 500~600m에 달했다. 하지만 평균 무게가 4~5kg에 달했고, 탄환 역시 무거워 20발들이 탄창을 사용했다. 이에 미국은 M16을 개발, 기존 M14 소총의 휴대 탄환량 180발을 240발까지 늘렸다.

　소총과 더불어 전시에 대우를 받는 것이 저격용 소총이다. 현재 우리 군과 경찰에서도 부대별로 스나이퍼 부대를 운용 중이다. 저격용 소총 또한 부대별로 별도 구입해 사용하기 때문에 종류가 꽤 많은 편인데, 현재 육군 특전사의 경우 오스트리아제 SSG와 영국제 AW, 독일제 MSG-90을 사용하고, 해군 UDT와 SEAL은 MSG-90이나 미국제 M700-AICS를 사용한다.

하지만 최근 국내 방산기업인 S&T모티브가 7.62㎜ K14 저격용 소총을 개발해 우리 군도 국산 저격용 소총을 사용할 것으로 보인다. 우리 군은 앞으로 800정 규모의 저격용 소총을 도입할 계획이다.

S&T모티브는 2011년 3월부터 1년 6개월간 K14 저격용 소총을 개발해왔다. 그리고 800m 유효사거리 평가에서도 우수한 성능을 발휘해 합격점을 받았다. 유효사거리 800m는 미군의 국방규격에도 적합하다는 뜻이다. 미군 국방규격을 통과하려면 1MOA(Minute of Arc)를 모두 통과해야 한다.

국내 저격용 소총은 기능면에서도 수입 저격용 소총보다 우수하다. K14의 무게는 5.5kg로 현재 707특수임무대대, 해군특수전 전대,

K14 저격용 소총

헌병 특수경찰대에서 사용하고 있는 MSG-90보다 가벼워 기동성도 높고, 인체공학적 설계를 장점으로 내걸고 있다. 또 다목적 레일을 장착해 부수기재 사용이 용이하고, 조준경의 망선 밝기 조정 기능과 배율을 3배 이상 높였다.

저격용 소총의 역할이 커지자 군인들의 욕심은 더욱 커졌다. 적군뿐만 아니라 항공기와 미사일 발사기, 장갑차 등도 원거리에서 파괴시키기를 원하게 된 것이다. 이런 용도로 만들어진 것이 대물 저격총이다.

첫 대물 저격총은 1918년 독일 소총제작업체 마우저 (Mauser)사에서 만든 13mm 대전차 소총 Gew1918이다. 이 총은 길이만 1.68m, 무게가 17.7kg에 달해 사격반동만으로도 사격수 쇄골에 금이 가는 사태가 벌어지기도 했다.

1983년 등장한 바렛(Barett) M82A1은 장거리 대물 저격총으로 지금도 명품으로 꼽힌다. 반자동 방식이며 제2차 세계대전에서 쓰던 보이즈(Boys) 대전차 소총보다 반동이 작고, 총구에 설치된 총구제동기 덕분에 반동을 65%나 줄일 수 있었

다. 바렛 M82A1을 사용하는 미 해병대는 50구경탄(12.7mm)을 장착하고 레바논 사태, 파나마 침공 등에서 진가를 발휘했으며 걸프전에서도 이라크 항공기, 레이더설비 장갑차량까지 무력화시켰다. 당시 미 해병대 병사

바렛 M82A1을 테스트 중인 모습

가 1,100m 거리에 있는 이라크군의 장갑차 두 대에 철갑소
이탄을 발사, 정지시킨 일화는 유명하다. 무게 12.9kg, 길이
1.5m로 덩치가 너무 커 실용적이지 못하다는 불신 또한 이
러한 예를 통해 많이 사라졌다. 특히 50구경 탄환이 1,600m
정도 거리에서 13mm의 장갑판을 뚫을 수 있다는 점은 장거
리 대물 저격총의 기여도를 확인시켜 주었다.

이어 1987년 미국의 맥밀란(McMillan)사는 50구경의 볼트
액션식 저격총을 개발하고, 1993년 개량형 M93을 출시한다.
M93의 개량형은 현재 미 특수부대 등에서 사용 중이다.

50구경 대구경 저격총 외에도 영국 애큐러시 인터내셔
널(Accuracy International)사의 300 윈체스터 매그넘(Winchester

Magnum) 등 고위력탄을 사용하는 AWM(Arctic Warfare Super Magnum)이 있다. AWM은 무게 6.8kg으로 탄창에 5발이 장전되며 유고슬라비아 내전이나 걸프전에 사용됐다. 이밖에 스위스와 프랑스 합작인 50구경 볼트액션 저격총 에카트(Hecate)와 헝가리 게파드 M3, 남아프리카의 20mm 저격총 등이 있다.

제1차 세계대전 당시 군인들은 적에게 노출되지 않고 적을 사살할 수 있는 소총을 원했다. 이런 요구로 만들어진 것이 굴절형화기인 일명 '코너샷'이다. 당시 영국과 프랑스, 독일 등이 참호전을 겪으면서 고안한 코너샷 방법은 소총을 특수 거치대에 올린 다음, 잠망경이나 거울을 이용해 사격하는 방식이었다. 하지만 종전 20년이 흘러 독일에서 제대로 된 코너샷 소총을 내놓기 시작한다. 총열 자체를 휘어 곡사식으로 만든 것이다.

1941년 개발을 시작한 독일이 첫 시도한 총기는 볼트액션식 Kar98k 소총이었으나 탄자가 길다보니 총열을 통과하면서 명중률이 떨어졌다. 또 총을 한 발 쏠 때마다 재장전해야 하는 볼트액션식은 짧은 시간 안에 많은 사격을 할 수 없어 비효율적이었다. 이런 단점을 보강하기 위해 독일 개발팀들은 기관총 MG34에 휘어진 곡사총열을 장착해 시험했지만 빠른 발사속도에 작동불량이 속출하고 말았다.

종전 이후 독일의 곡사총열은 주변 국가에 집중적인 연구 아이디어를 제시해준다. 미국은 독일처럼 총구에 곡사총열을 장착한 것이 아니라 총열 자체를 곡사형으로 교체했다. 또 일본은 1954년 미국 방식을 참고해 육상자위대 무기학교가 히타치 공업에 의뢰해 도전장을 내밀었고, 소련은 독일의 실험 결과를 돌격소총 AK-47에 적용, 곡사총열 장착형 시제품을 만들기도 했다.

현재의 코너샷은 1980년대 이스라엘 테러진압부대 아모스 골란(Amos Golan) 부사령관이 고안한 것으로 병사들이 주택을 급습할 때 자동소총에 공격당하는 경우가 많다는 점에서 힌트를 얻었다.

코너샷 화기는 2005년부터 미국과 이스라엘의 합작회사인

9mm 권총이 달린 한국형 코너샷

코너샷 홀딩스(Corner Shot Holdings LLC)사에서 생산을 시작했다. 코너샷은 굴절 부위인 앞부분에 영상카메라·레이저 표적지시기가 장착되어 있고, 뒤에 붙어있는 모니터로 조준해 사격하는 구조다.

우리 군도 지난 2008년 9월부터 2013년 2월까지 3억 5,000만 원을 투입해 코너샷을 개발했는데, 한국형 코너샷에는 우리 군이 사용하는 K5 9mm 권총이 장착됐다. 9mm 권총에는 13발의 탄약장착이 가능하고, 사정거리는 50m다.

한국형 코너샷은 외국 제품과 달리 전자식 격발방식을 적용했으며 야간사격을 위한 레이저 표적지시기, 플래시를 장착했다. 외국형 코너샷은 총기에 달린 모니터를 통해 전방을 보지만, 한국형 코너샷은 카메라와 연결된 안경식 전시기를 통해 전방을 볼 수 있다.

제공권 장악의 핵심, 전투기

전투기의 시초라 할 수 있는 1세대 전투기는 1944년 독일에서 개발된 메서슈미트(Messerschmitt) Me262로 1903년 12월 17일 미국의 라이트형제가 최초로 동력비행에 성공한 지 31년 후에야 등장했다. 제2차 세계대전 후반기에 모습을 드러낸 메서슈미트 전투기는 제트엔진을 장착하고, 1톤 미만의 무장을 장착할 수 있었다.

미국이 이에 대항에 만든 전투기는 록히드 형제가 설립한 록히드마틴(Lockheed Martin)사의 P-80 슈팅스타(Shooting Star)였다. P-80은 1945년 말부터 실전 비행대대에 배치되고 5년 후에는 6.25전쟁에 참전해 세계 최초로 제트전투기들 사이에

F-86 세이버 전투기

공중전이 벌어졌다.

최초의 제트전투기 공중전에서 격추된 소련의 MIG-15는 영국 정부가 제공한 나인엔진으로 만든 후퇴형 주날개 제트전투기였다. 소련은 6.25전쟁 당시 상황이 급박하게 돌아가자 중국과 북한에 이 최신예 전투기를 지원했다. 그러자 이를 대적하기 위해 미국에서는 동일한 후퇴형 주날개 설계기술을 적용, F-86 세이버(Sabre) 전투기를 만들어 전쟁에 투입했다. 당시 투입된 세이버 전투기 시리즈는 F-86F형이 마지막이었고, 총 1,079대가 제작됐다. 이밖에 1세대 전투기에는 글로스터 미티어(Gloster Meteor), 뱀파이어(Vampire), 베놈(Venom) 전투기 등이 있다.

물론 1세대와 2세대 사이에 1.5세대 전투기도 있었다. 1.5세대 전투기는 1세대보다 빠르고, 공중전용 레이더 화력제어시스템을 장착했다는 특징이 있다. 미국의 F-86D, F-94,

F-89, F-4D-1 등이 여기에 속한다.

2세대는 초음속 비행능력을 가지고 있었으며 단거리 공대공미사일은 물론 레이더 사격통제 장치를 보유하고 있었다. 2세대 전투기로는 소련의 MiG-19, 프랑스의 쉬페르미스테르(Super Mystere), 스웨덴 사브사의 J-35 드라켄(Draken) 전투기 등이 있다. 스웨덴 사브사의 J-35 드라켄은 '더블 델타'라는 이중삼각날개를 달고 초음속 비행을 달성해 주목을 받기도 했다. 미국에는 센추리(Centry) 시리즈가 있으며 제식기호 100번부터 시작한다. F-100 슈퍼세이버부터 F-101 부두(Voodoo), F-102 델타대거(Delta Dagger), F-104 스타파이터(Starfighter), F-105 선더치프(Thunderchief), F-106 델타다트(Delta

3세대 전투기의 선두주자 F-4 팬텀

Dart) 등이 여기 속한다. 이 기체들은 공대공 전투용 레이더와 미사일을 장착하고, 최대 음속의 2배 속도로 비행할 수 있다.

3세대 전투기는 고성능 다목적 레이더, 중거리 공대공 미사일 운용능력, 공중급유를 통한 장거리 비행능력을 지닌 것이 특징이다. 3세대 선두주자 전투기인 미국의 F-4 팬텀은 미국의 육·해·공군이 모두 채택할 정도로 여러 방면에서 사용됐다. 소련은 음속의 세 배인 MiG-25 요격기, Su-15 요격기, Su-17 전투공격기 등을 사용했다. 프랑스는 미라주 F1 다목적 전투기를 실전 배치하고, 1980년대 중후반 탱커전쟁(Tanker War)에서 이름을 날리기도 했다.

4세대 전투기는 컴퓨터가 제어하는 고성능 레이더시스템으로 중거리 미사일을 운용한 것이 특징이다. 미국은 전문적인 제공전투기를 목적으로 F-14 톰캣(Tomcat), F-15 이글(Eagle), F-16 팰콘(Falcon)을 내놓았다. F-14 톰캣은 전적으로 함대방어용으로 설계된 공중전 전용기체다. 또 미 해군은 F-4를 대체할 다목적 전투기로 F/A-18 호넷(Hornet) 전투기를 개발하기 시작했는데, 여기에는 항공기용 초기 디지털 시스템이 탑재됐다. 미 공군은 다목적으로 사용할 수 있는 F-15를 4년간 개량해 F-15E를 탄생시킨다.

MiG-23·25, Su-15·17를 운용해온 소련은 개량형인

F−35 라이트닝Ⅱ

MiG-29와 Su-27에 승부수를 걸고, 프랑스는 미라주Ⅲ가 수출 시장에서 밀리면서 충격에 빠진다. 이에 내놓은 기종이 1978년 시제기를 내놓은 단발엔진형 미라주 2000이다. 하지만 쌍발엔진형 대형전투기의 필요성을 느껴 다시 1986년 라팔(Rafale)을 개발하기에 이른다.

5세대 전투기의 가장 큰 특징은 스텔스 기능이다. 미국은 이미 1980년대 초반 스텔스 능력을 연구하기 시작했고, 그렇게 등장한 결과물이 F-22A 랩터(Raptor)와 F-35 라이트닝(Lightning)Ⅱ다.

'스텔스(Stealth)'의 사전적인 뜻은 '레이더, 적외선탐지기, 음향탐지기 및 육안에 의한 탐지를 포함한 모든 탐지 기능에 대항하는 은폐기술'이다. 다시 말해, 적에게 비행경로가 탄로 나면 안 된다는 것이다.

보통 비행기의 레이더 반사면적(RCS)은 점보여객기가 $100m^2$, B-1폭격기는 $10m^2$, 대형전투기는 $5~6m^2$, 소형전투기는 $2~3m^2$, 작은 새는 $0.01m^2$, 곤충은 $0.0001m^2$다. 그런데 스텔스 기능을 갖춘 F-22A 랩터의 경우, 레이더 반사면적이 곤충과 같은 $0.0001m^2$로 적이 전투기로 인식할 수 없다.

스텔스의 1세대는 SR-71 블랙버드(Black Bird)다. 미국과 소련이 자국 상공에 상대국 유인항공기가 비행하는 것을 금지하는 협약을 맺자 미국이 목표 상공을 직접 지나가지 않고도 정찰할 수 있는 정찰기를 개발한 것이다. SR-71을 스텔스 1세대로 구분하는 것은 내부 구조와 최초 사용된 특수도료 때문이다. SR-71은 스텔스 기능을 위해 레이더파가 항공기 내부에 갇히도록 설계했다. 또 기체 표면에는 레이더전파를 흡수하는 특수도료를 도포했다. SR-71은 SR-71A 정찰기가 29대, SR-71B 훈련기가 2대, SR-71C 복합용 훈련기가 1대 등 총 32대가 생산됐다.

스텔스 2세대로 꼽히는 것은 생김새부터 특이한 F-117A다. F-117A는 적의 레이더에서 발사된 레이더파를 다른 방

2세대 스텔스 F-117A

향으로 반사하기 위해 곡면이 아닌 평면으로 만들어졌다. 또 이례적으로 공기역학전문가가 아닌 전자공학전문가가 주임설계를 맡았다. 이런 디자인에 도료를 입혀 완벽하게는 아니지만 적의 레이더에서 사라질 수 있었다.

F-117A는 1982년 8월 미 공군에 처음 배치됐지만, 약 6년여가 흐른 1988년 11월에 이르러서야 공개됐다. 그만큼 베일에 가려져 있어 F-117A는 '저격수'라고도 불렸다. 겨우 두 발의 폭탄밖에 실을 수 없는 구조였지만 위력은 어느 기종 못지않았다. 레이더에 잡히지 않는 비행체가 상공에서 파괴력 강한 폭탄을 던져놓고 사라진다면 이는 어느 전투기보다 효율적인 공격이 될 것이다.

또 하나의 2세대 스텔기로 유명한 기종은 꼬리날개가 없는 전익기 B-2A폭격기다. B-2A는 수많은 업그레이드를 거쳤는데, 이중 블록 30은 통합직격탄, 통합장거리무기 등을 운용할 수 있는 다기능 중폭격기다.

1999년 3월 코소보 항공전에 첫 실전 투입된 B-2A는 아프간전쟁, 이라크전쟁까지 참여해 항속과 스텔스 능력을 인정받는다. 또 GPS유도 병기를

다기능폭격기 B-2A

여러 발 탑재해 미국의 군사전략에서 중요한 위치를 차지하게 된다.

마지막 3세대 스텔스기로 구분되는 것은 최신예 기종으로 손꼽히는 록히드마틴사의 F-22 랩터와 F-35다. 랩터는 장소와 시간, 전투의 성격 등과 상관없이 제공권을 장악하기 위해 탄생했다. 공대지 능력까지 갖춘 랩터는 록히드마틴의 F-16, 페어차일드 A-10, 보잉의 F-15, F/A-18 같은 기종들이 나누어 하던 일을 단독 수행할 수 있다. F-35는 21세기 최대의 국방획득사업으로 미 공군, 해군, 해병대의 3군 통합으로 진행되며 영국을 비롯한 8개국이 참가했다. 다국적 기업이 참여하는 프로젝트명은 'JSF(Joint Strike Fighter)'이며 클린턴 행정부 시절 예산절감 차원에서 공동제작이 결정되었다.

생산된 기체를 가장 먼저 인수하는 곳은 미 해병대다. 이후 미 공군이 F-35K를, 미 해군이 F-35C를 인수한다. F-35의 조종사는 주야간 구별 없이 영상을 제공받기 때문에 야간투시경 없이도 전투피해 평가가 가능하며 기수 아랫부분에는 광전자장비를 장착해 그 어느 전투기보다 높은 고도에서 지상목표물을 탐색·조준할 수 있고, 장거리에서 공대공 목표물을 조준할 수 있다.

현재 우리 공군이 보유하고 있는 전투기 기종에는 F-4E, F-5, F-15K, KF-16 등이 있다. 이중 총 170여 대가 도입된

우리 공군이 보유하고 있는 F-15K

F-4 계열의 전투기는 F-4D 팬텀 전투기가 퇴역함에 따라 F-4E만 남게 됐는데, 청주 기지에 F-4E 3개 대대가 운영 중이다. 우리 공군은 현재 F-4E, F-5 등 3세대 노후 전투기를 대신해 5세대 전투기의 도입을 추진 중이다.

하늘을 나는 최고사령부, 대통령 전용기

미국의 대통령 전용기인 '에어포스 원(Air Force One)'은 전세계에서 가장 완벽한 비행기로 평가받는다. 지미 카터(Jimmy Carter) 전 미국 대통령은 생애 가장 기억에 남는 순간으로 "취임식을 앞두고 고향 조지아에서 워싱턴으로 가기 위해 에어포스 원에 탑승했을 때다"라고 말하기도 했다.

에어포스 원은 보잉 747-200B 두 대를 운용하는데, 한 쪽에는 대통령이 타고, 다른 쪽에는 보조 인력과 기자단이 탑승한다. 에어포스 원에 장착된 특수 장비들은 미 공군의 1급 비밀로 열 추적 미사일을 피할 수 있는 특수엔진, 미사일 회피시스템, 핵폭발의 전자충격에도 견딜 수 있는 기능, 전 세계 어디와도 통신이 가능한 통신망, 전후상하 작동이 가능한

미국 대통령 전용기인 '에어포스 원'

응급수술실 등을 갖추고 있는 것으로 알려져 있다. 또 내부 공간은 360m 길이로 전용기 앞쪽에 샤워 시설이 완비된 침실 칸, 전용 사무실과 회의실, 운동기구, 위성TV, 전화 87대와 침실 6개, 수백인 분의 식량 등이 구비되어 있다. 그야말로 날아다니는 백악관이라 해도 과언이 아니다.

에어포스 원은 한 번 급유로 지구 반 바퀴를 비행할 수 있으며 화물 2,700kg이 적재 가능하다. 대신 탑승인원은 승무원 26명, 승객 76명에 불과해 민간여객기의 3분의 1도 되지 않는 수준이다.

2010년 한미외교 국방장관 회담 참석을 위해 미국의 로버트 게이츠(Robert Michael Gates) 국방장관이 타고 왔던 기종도

눈길을 끈다. 당시 게이츠 국방장관이 탑승했던 항공기는 보잉사의 E-4B 나이트워치(Night watch)였는데, 이 기종은 핵전쟁의 위기에 처했을 때 국가지휘권자가 탑승하는 비행기로 대통령과 국방장관, 합참의장을 비롯한 주요 인사들이 탑승한다. 국방장관이 해외순방 시 거의 독점적으로 사용할 수 있는 항공수단이지만 단순 이동수단은 아니라는 것이다.

E-4B 나이트워치

하늘에 머물면서 최고사령부 역할을 하는 E-4B 모델은 미 정부가 지난 1973년 발달형 공중국가지휘본부를 주문하면서 기존의 EC-135 공중국가지휘본부를 교체해 만든 기종이다. E-4B의 모체는 보잉 747-200B 여객기로 EC-135와 비교해 탑재력과 체공 능력, 거주성 등이 높아졌다.

E-4B의 상단과 하단은 2중 구조로 이루어져 있는데, 하단에는 화물이나 통신장비가 실려 있고, 상단에는 작전회의실

과 브리핑룸 등이 마련되어 있다. 특히 상단은 조종석과 국방장관을 위한 스위트룸, 회의실, 브리핑룸, 승무원들의 통제실, 휴게시설 등으로 나누어져 있다. E-4B에는 현역 공군으로 구성된 승무원 약 45명과 국방장관 일행 등을 포함해 최대 112명까지 탑승할 수 있다.

E-4B의 바닥 면적은 429.2㎡로 공중급유 없이 최장 12시간 동안 공중에 떠 있을 수 있으며 공중급유를 받을 경우 엔진윤활 계통의 작동한계인 72시

간까지 운행이 가능하다. E-4B는 공군에 모두 네 대가 있는데, '공중지휘'라는 특수 임무 때문에 세계 어디에든 언제나 한 대는 공중에 떠있어야 한다. 또 비상시 장기간 공중에 머

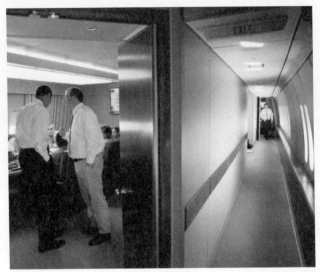

에어포스 원의 내부

물러 공중지휘통제기 기능을 수행하기 위해 일정량의 연료를 계속 유지해야 하고, 공중급유도 일상적으로 이뤄지고 있다.

국가비상공중지휘소(National Emergency Airborne Command Post)는 세계 각국에 흩어져 있는 미군 사령부 및 각급 부대와 연락을 유지할 수 있는데, 이를 위해 다양한 파장의 통신 시스템을 탑재하고 있다. 동체 위에 있는 돔은 위성통신용 안테나를 내장하고 있으며, 기체 꼬리부에는 수중 잠수함에 직접 명령을 내릴 수 있는 안테나가 내장되어 있다.

특히 전자장비의 경우, 핵폭발로 발생하는 강한 전자펄스

(EMP)를 막기 위한 대책을 세우고 있고, 각종 전자장비 및 장치가 소비하는 전력을 위해 각 엔진마다 150kVA 용량의 발전기를 2기씩 장착했다.

E-4A는 E-4의 1차 생산모델을 말하며 1974년 최초 배치를 시작, 모두 세 대를 생산했으나 지금은 모두 E-4B로 개조됐다. E-4B는 앤드류스 공군기지에서 대통령과 국방장관의 탑승을 항시 대기한다. 미국 대통령은 평소 에어포스 원에 탑승하지만 전시가 되면 E-4B에 탑승하기 때문에 E-4B가 에어포스 원이 된다.

'공군의 1호기'로 불리는 우리나라 대통령 전용기는 1985년 전두환 전 대통령 당시 도입한 보잉 B-737-300 기종으로 정원 41명에 비행시간이 2~3시간 밖에 되지 않는다.

우리나라의 대통령 전용기

보잉 B-737-300 기종은 쌍발기인 BAE 748 VIP 수송기 대체용으로 1980년대 중반에 도입됐다. B-737-300 기종은 지휘통제용 위성통신 장비를 탑재하고, 대공미사일 공격 방어용으로 레이더 경보수신기와 채프(chaff) · 플레어(flare) 발사기를 탑재하고 있다.

하지만 항속거리가 짧아 주변 국가를 방문할 때만 운용하고, 국내에서는 대통령 전용헬기인 VH-60 헬기를 운용했다. 대통령이 해외순방을 나갈 때는 대한항공과 아시아나 항공사에서 번갈아가며 항공기를 임대해 쓴다. 특별 전세기는 한 달 전쯤 정해지며, 이때부터 비행기는 청와대 경호실의 엄격한 경호 속에 개조에 들어간다. 개조 후에는 내부 공개를 철저히 통제한다. 2014년까지 대한항공으로부터 보잉 747-400 기종을 임차해 사용하게 되며, 이후에는 대통령 전용기를 구입할 것으로 보인다. 후보 기종으로는 보잉 747과 에어버스 380이 유력하다.

에어버스 380은 역사상 가장 큰 항공기로 2층의 객실 구조를 갖고 있으며 전체 길이 73m로 높이만 10층 아파트 높이에 달한다. 안락함과 고급스러움을 강조하는 내부는 샤워 시설과 작은 수영장, 5,000가지 조명, 3분마다 객실 공기가 바뀌는 첨단 에어컨 시설을 갖췄다.

현재 56개 항공사에서 구입한 보잉 747 기종은 구조물의 절반 이상이 복합소재로 되어 있어 가볍고 실내가 쾌적하다. 또 복합소재의 특성상 고도가 낮게 유지되어 승객의 피로가 적고, 창문을 크게 넓힐 수 있다는 장점이 있다. 또 비슷한 크기의 항공기보다 20% 정도 연료를 적게 사용한다.

공중전투력 향상의 일등공신, 공중급유기

군 전문가들은 공중급유기 1대의 전투력이 전투기 22기와 맞먹는다고 설명한다. 전투기가 공중에서 급유를 한 번 받으면 출격률은 두 배로 늘어난다. 또 연료급유량이 줄면 무장 탑재량을 늘릴 수 있다는 장점도 있다. 뿐만 아니라 체공 시

간이 늘어 조종사와 정비사의 업무량, 항공기 부품의 마모까지 줄일 수 있다.

외국군의 경우 공중급유체계는 필수 작전요소다. 러시아가 1917년 공중급유(Aerial Refueling) 개념을 처음 소개한 이후, 베트남전과 걸프전, 아프카니스탄전의 사례에서 공중급유체계의 중요성은 다시 한 번 부각됐다.

하지만 외국군도 처음부터 공중급유기 도입에 대해 호의적이지는 않았다. 초창기의 공중급유기는 운용비용이 많이 든다는 점 때문에 반대에 부딪혔으나 1960년대 이후 방공 및 훈련임무 효과를 증대시킬 수 있다는 측면에서 가치를 인정받기 시작했다. 이러한 공중급유의 도입으로 현대전에서는 원거리 작전과 전략공수 지원, 항속거리 증가 등이 가능해졌다. 현재 33개 국가가 공중급유기를 운용 중이며 미국 등 각국에서는 최신의 공중급유기 획득프로그램이 진행 중이다.

공중급유 개념을 최초로 제안한 사람은 1917년 러시아의

미국이 운용 중인 공중급유기

해군 조종사 알렉산더 세버스키(Alexander P. de Seversky)다. 그는 1921년 미 러시아대사관의 해군 무관으로 근무하며 공중 급유 개념으로 특허를 얻었다.

미국은 1923년 6월 육군 항공대에서 공중급유 시험을 처음 진행했는데, 당시 사용한 기종은 DH-4 수송기로 500피트 상공에서 50피트 길이의 호스를 연결해 전투기에 연료를 공급했다.

영국은 1924년 2월 두 대의 전투기를 이용해 항공연료 대신 물을 이용한 급유를 선보였다. 1930년대 초에는 벨기에와 독일, 일본, 러시아 등에서도 공중급유에 대한 관심을 보

러시아의 공중급유기

였다. 이후 1939년 영국에서 호스를 이용해 연료공급이 처음으로 소개됐고, 미 공군은 1940년대 말 전략 핵폭격기의 비행거리와 타격능력을 향상시키기 위해 공중급유의 필요성을 인식했다. 하지만 공중급유의 시초는 1948년 미 공군에서 B-29를 급유기로 개조해 사용한 것으로 봐야 한다.

지난 2011년 우리 공군은 국내 처음으로 공중급유 훈련을 실시했다. 우리 공군조종사가 미국에 파견되어 훈련을 한 적은 있지만 국내에서 실시한 건 처음이다.

우리 공군의 주력 전투기인 F-15K와 KF-16은 공중급유 능력은 있지만 우리나라 상공에서 한 차례도 급유 훈련을 하지 못했다. 군 당국은 공중급유기 도입을 추진하고 있으나 국방예산 효율화와 각 군 예산균형 편성 등의 논리에 의해 예산 반영이 계속 늦어지고 있다.

우리나라 공군에 있어 공중급유기는 절실하다. 이어도와 독도의 수호 문제만 놓고 봐도 그렇다. 우리나라의 주력 전투기 4종 모두 이어도와 독도에서의 작전가능시간은 턱없이 부족하다. F-5는 이어도와 독도에서의 작전이 아예 불가능하며 F-4는 독도에서 3분 20초, 이어도에서 1분 20초만 가능하다. 다른 최신예 전투기들도 상황은 비슷하다. F-15K는 독도에서 80분, 이어도에서 64분 작전이 가능하다.

하지만 독도를 넘보는 일본 항공자위대의 상황은 다르다.

일본은 2003년 주일 미군과 본토 영공에서 첫 공중급유 훈련을 실시한 후, 곧바로 공중급유기 4대를 도입해 배치했다. 그래서 독도 상공에서 24시간 작전이 가능해졌다.

은밀한 타격, 잠수함

1973년 설립된 우리나라 해군의 UDU(Underwater Demolition Unit)는 중앙정보부(현 국가정보원)의 공작임무를 수행한 5국에서 주도했다. 설립 당시 부대의 정식명칭은 '해군첩보부대 502기지'였다. 1974년 당시 이들이 도입한 무기는 이탈리아에서 제작한 코스모스급 특수작전용 잠수정이었다. 해군의 공식기록인 최초의 잠수함 돌고래급보다 이전인 셈이다. 코스모스 특수작전용 잠수정은 10명 내외의 특수요원이 탑승해 정찰, 기뢰봉쇄 등의 특수전 임무 수행이 가능했다.

코스모스의 기준배수량은 약 70톤급 정도로 정규 잠수함으로 보기 힘들며 도입비용이 저렴하고 운용유지가 용이하다는 장점을 갖고 있었다. 또 이 잠수정에 탑승했던 승조원들은 이후 잠수함대에 주력이 될 핵심요원들을 양성하는 데 큰 도움이 됐다. 코스모스급은 현재도 우리 해군에서 운용되고 있으며 장보고급 이상 중형 잠수함의 부장으로 임명되기 전에 대위, 소령급 장교들의 지휘코스로도 활용되고 있다.

수많은 잠수함 승조원을 양성시킨 209급 잠수함은 지난 2012년 무사고 20년을 기록, 20년간 20마일 운항을 기록했다. 우리 해군의 209급 잠수함(수중 배기량 1,200톤급)은 1992년 10월 독일에서 인수하면서 시작됐다. 이후 잠수함 운용 5년 만에 태평양을 단독 횡단했고, 1999년 서태평양 훈련에서 209급 이천함이 단 한 발의 어뢰로 11,000톤급 퇴역순양함을 격침해 호평을 받았다.

우리나라의 209급 잠수함인 이천함

209급 잠수함 도입 이후 국내 방산업체가 건조한 214급 (1,800톤급) 잠수함을 포함해 우리 해군의 잠수함은 총 10여 척이다. 여기에 대우조선해양은 1,800톤급 잠수함인 '장보고-Ⅱ'를 추가 건조해 2018년께 해군에 인도할 예정이다.

214급 잠수함은 현존하는 디젤 잠수함 중 가장 최신의 기술로 설계되고, 최신 장비를 탑재한 최고의 잠수함이다. 가장 대중화된 긴원통형 선형 구조를 갖추고 있지만, 내부 설계는 세심한 배려로 공간의 합리화를 이뤘다. 제작사인 하데베(HDW)는 독일 해군의 도움을 받아 전 세계 우방국 잠수함의 특성을 모두 집합시킨 데이터를 기반으로 214급을 설계한 것으로 알려져 있다.

214급은 209급과 비교해 전체적인 내부 구성에서 큰 차이가 없으나 동체 중앙하부에 연료전지 전기발생장치와 함께 대규모 액체산소 저장탱크를 갖추고 있다. 또 영구자석형 추진모터는 하나의 단일모터로 저속과 고속 모두를 발휘할 수 있다. 크기도 209급과 비교해 60% 정도 작다. 특히 영구자석형 모터는 주입된 전력량에 비례해 출력 증가가 일어나 불안정한 전압변화로 인한 주변기기 장애와 소음발생이 없다는 장점을 지닌다. 뿐만 아니라 중앙 하부에 공기불요장치(AIP)도 갖추고 있어 수면에 올라오지 않고도 수중에서 2주간 작전수행이 가능하다.

타 국가에서 운용 중인 214급 잠수함

　209급에 비해 214급은 그 외에도 여러 면에서 진화했다. 디젤기관과 전동모터를 통해 줄어든 공간, 10m 정도 더 길어진 선체를 이용해 어뢰재장전 공간을 더 확보했으며, 컴퓨터 제어장치를 이용하기 때문에 하나의 통합된 조종간으로 종타와 횡타 모두 조종이 가능하고, 이러한 조종간이 지휘통제실 내에 위치하고 있어 보다 원활한 지시가 가능해졌다.

　현재 우리 해군에서 운용되고 있는 209급 잠수함을 대체하기 위해 추진 중인 차기 중형잠수함 건조계획 'SSX 계획'에 의하면 2020년까지 최대 6척의 잠수함이 건조될 예정이다. 이를 위해 해군에서는 2010년 초반 설계를 완료했고, 2020년까지 건조를 마쳐 총 18척의 잠수함사령부를 구성할

계획이다.

차기 중형잠수함은 기본적으로 AIP 시스템과 10여 기의 수직발사기에 장착된 순항미사일을 가진 2,500~4,000톤급 잠수함으로 알려져 있다. 이는 기본적으로 214급의 확장형모델이라고 봐도 무방하며 길이는 약 85m, 폭은 8m 정도가 될 것으로 예상된다.

원자력잠수함의 필요성과 함께 4,000톤급 선체 획득을 목표로 더 장기적인 계획을 수립해야 한다는 의견도 있지만, 차기 중형잠수함은 향후 우리 해양을 지킬 최신예 잠수함으로서의 역할을 톡톡히 할 것으로 보인다. 특히 북한의 대포동 2호 발사 등 주변국의 대량살상무기 위협에 대해 자력강화 차원에서의 잠수함 보유 필요성은 모든 전문가들이 공감하는 부분이다.

SSX 중형잠수함의 무기 시스템은 553mm 어뢰발사관 6~8문에 어뢰 및 미사일 등 무장 20발, 대지공격을 위한 10여 기의 수직발사 시스템이 될 것이며, 이미 국산화 완성단계에 있는 순항미사일과 500km 이상의 대지공격 미사일을 탑재한다면 건조 자체만으로도 충분히 군사적 위협 수단의 역할을 할 것으로 보인다.

사람을 대신하는 무기들

지난 2012년 12월, 수단 서부 다르푸르(Darfur) 지역의 한 마을에서 GPS와 사진 전송장치가 부착된 독수리가 붙잡혔다. 이란은 이 독수리가 이스라엘군이 정찰용으로 날려 보낸 스파이 새라고 결론지었다. 독수리의 다리에 히브리어로 '이스라엘 자연 서비스' '히브리대, 예루살렘'이라고 쓰인 표찰이 달려있기 때문이었다. 하지만 이스라엘 측은 "수단에서 붙잡힌 독수리는 겨울철 이동 행태를 연구하기 위해 날려 보낸 100여 마리 독수리 중 한 마리"라고 반박했다.

동물을 전쟁에 동원한 사례는 생각보다 오래 전에 등장했다. 제2차 세계대전 당시 고양이와 박쥐가 투입됐는데, 나치의 군함 위에 폭탄을 단 고양이를 낙하시키면 물을 싫어하는 고양이가 군함에 안착해 자폭할 것이라고 예상했다. 하지만 군함에 안착되기 전에 고양이가 공중에서 기절해 버렸다. 박쥐도 마찬가지다. 겨울잠에 빠진 박쥐에 소이탄을 달아 투하하면 적의 공장 안으로 깊숙이 날아들 것으로 예측했지만, 낙하 도중 겨울잠에서 깨지 못한 박쥐는 그대로 추락사 했다.

그동안 말과 소, 코끼리가 군수물자 수송에 활용됐고, 훈련을 시킨 비둘기, 즉 전서구(傳書鳩)가 군 통신에 이용되기도 했다. 첨단화·기계화가 이뤄진 지금도 경비와 감시, 탐지 임무에 군견들이 투입된다.

현재 가장 성공적으로 활용되고 있는 동물은 돌고래다. 미 해군은 1962년부터 돌고래와 바다사자 등 포유류를 이용한 연구를 계속해왔으며, 1965년 '터피'라는 해군 소속의 돌고래가 수면과 수심 60m 아래 있는 둥지를 오가며 도구와 메시지 전달에 성공해 활용 가능성을 입증했다.

이후 미 해군은 다섯 개의 군용 해양동물 훈련·운용팀을 꾸려 75마리의 남방 큰돌고래와 35마리의 캘리포니아 바다사자를 훈련시키고 있다. MK4~MK8로 명명된 이 팀들 중에서 MK 4·7·8팀은 돌고래, MK 5팀은 바다사자, MK 6팀은 두 동물을 함께 운용 중이다. 특히 이 동물들은 명령이 하달되면 수송기를 이용해 72시간 내 지구상 어느 바다에라도 실전 배치가 가능한 것으로 알려져 있다.

미 해군의 공식발표에 따르면 이 해양동물들에게 부여된 임무는 기뢰 탐지와 적 침투에 대비한 항만 및 해군 자산 경계, 해양에 투기된 자산의 발견 및 회수다. 이중 가장 중요한 임무는 단연 기뢰 탐지다. 5개 팀 중 돌고래를 운용하는 3개 팀에 기뢰 탐지 임무가 할당됐는데, 구체적으로 MK4에는 계류기뢰, MK7에는 해저기뢰의 위치 파악, MK8에는 해병대 및 육군의 상륙작전 시 상륙함의 안전한 이동루트 파악이라는 임무가 부여되어 있다.

과거 구소련도 미국으로부터 자극을 받아 1960년대 후반부터 돌고래에 폭약을 부착한 자살테러팀을 구성하기도 했다. 당시 소련군 참모본부에서 근무했던 관계자에 따르면 소

미 해군이 훈련 중인 돌고래

련군의 돌고래는 선박의 스크루 소리만 듣고도 소련제 잠수함과 다른 국가에서 만든 잠수함을 구별할 수 있었으며 물속에 빠뜨린 반지를 찾아낼 만큼 혹독한 훈련을 받았다고 한다. 하지만 구소련이 붕괴되면서 재정난으로 인해 5~6마리의 돌고래만 사육되다가 지난 2000년 이 돌고래들이 이란에 판매된 것이 확인됐다. 돌고래의 최대 수명이 40년인 점을 감안하면 아직도 생존하고 있을 가능성이 있다.

탄자니아에 본사를 둔 비정부기구 에이포포(APOPO)는 캥거루쥐를 지뢰탐지병으로 활용하기도 한다. 캥거루쥐는 몸무게가 1.5kg을 넘지 않아 지뢰를 밟아도 터질 염려가 없고, 반복적 업무에 싫증을 내지도 않는다고 한다.

2010년 모잠비크에 첫 파견된 이 쥐들은 한 해 동안 44마리가 74.8헥타르의 면적을 수색해 대인지뢰 787개, 불발탄 220발, 소형무기 및 탄약 2,683개를 찾아냈다. 2011년 말 기준으로 에이포포는 총 223마리의 지뢰탐지용 캥거루쥐를 보유하고 있으며, 이후 태국에도 투입돼 393개의 지

지뢰탐지용 캥거루쥐

뢰와 859개의 불발탄을 찾아내기도 했다.

여기에 미군은 동물을 이용한 전략기술도 개발 중이다. 나비 등의 곤충이 번데기 상태에 있을 때 초소형전자기계시스템(MEMs)을 이식하고 원격 조종하는 것이다. 곤충의 체온이나 움직임에서 에너지를 얻고, 적의 시설로 날아가 영상과 소리 등을 아군에 전송한다는 계획이다. 이 프로젝트는 지금도 진행 중이다.

동물을 전쟁에 투입시키는 이유는 간단하다. 감각이 인간보다 뛰어나며 먹이 외에는 비용이 들지 않아 유지하기가 쉽다. 미국의 군인 1명이 입대해 제대할 때까지 평균 400만 달러(약 37억 원)의 비용을 쓰고 있다는 점을 감안한다면 충분히 매력적이라 할 수 있다.

미 해군은 이들 동물에 대해 올바른 보호와 처우를 규정한 펜타곤의 지침과 해양포유류보호법(MMPA), 동물복지법 등 연방법을 철저히 준수해 동물권을 지키고 있다고 주장한다. 하지만 군사적 효용성과는 별개로 동물 보호론자들로부터 많은 비난을 받고 있다.

동물을 전쟁에 투입하는 대신 동물의 형상을 모방한 로봇을 투입하는 경우도 많다. 자연에 존재하는 동식물, 곤충의 생체구조나 기능을 모방해 공학적으로 활용하는 생체모방공학(Biomimetic Engineering) 로봇이 그 예다. 일정한 형태의 군사용 로봇보다는 쉽게 노출되지 않는 동물이나 곤충 모양의 생체모방 형태로 개발한 뒤 군사용 로봇과 접목시켜야 전장에서 전투력을 극대화할 수 있다고 한다.

생체모방공학 로봇은 이동방식에 따라 보행형, 도약형, 뱀형, 물고기형, 곤충형 로봇으로 분류되며 보행형 로봇은 다시 2·4·6·8·다족 보행형 등으로 나뉘는데, 실제 생체모방공학 로봇은 모방 주체에 따라 지상·해상·공중에서 활용이 가능한 형태로 개발되고 있다. 미래 전장에서의 로봇은 향후 얼마나 스스로 오랫동안 임무를 수행할 수 있는가에 따라 그 효용성이 달라진다.

현재 생체모방공학이 가장 발달한 국가는 미국이다. 군사

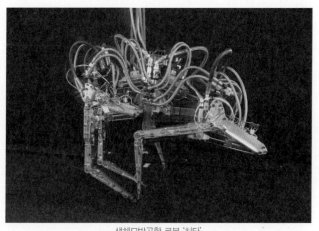

생체모방공학 로봇 '치타'

용 응용을 위한 연구의 대부분은 미국의 방위고등연구계획국(DARPA)과 해군연구소(ONR)에서 지원한다. 보스턴에 있는 군사로봇 개발업체 보스턴다이내믹스(Boston Dynamics)사는 방위고등연구계획국의 후원으로 만든 로봇 '치타(cheetah)'를 공개하기도 했는데, 이 로봇은 현재 육상 100m 세계기록 보유자인 우사인 볼트(Usain Bolt)보다 빠르다.

로봇 '치타'는 네 다리로 움직이며 최고 시속 45.5km로 달릴 수 있다. 보스턴다이내믹스사는 로봇의 전력과 다리를 교체하고, 알고리즘을 변경한 끝에 지금의 속도에 도달했는데, 앞으로 최고 속도를 113km까지 높일 계획이다.

보스턴다이내믹스사는 이밖에도 다양한 로봇을 선보였다. '샌드플리(sand flea)'라는 이름의 로봇은 네 바퀴로 돌아다니다 담이나 울타리 등의 장애물을 만나면 피스톤 운동을 해 9m의 높이의 담까지 훌쩍 뛰어넘는다. 그리고 장애물을 넘은 뒤에는 스스로 균형을 잡고 GPS의 유도를 받아 길을 찾아간다. 또 네 발을 가진 'LS3'라는 이름의 로봇은 180kg의 짐을 짊어지고 산과 계곡을 오르내릴 수 있도록 설

샌드플리

계됐다. 보병의 역할을 충분히 대신할 수 있는 것이다.

또 꿀벌 형상을 따 벌의 뇌와 몸체, 집단행동을 흉내 내기 위한 기술인 마이크로비행 로봇 개발도 눈앞에 와있다. 꿀벌 집단행동에서 창안한 이 프로젝트는 소형 로봇공학과의 콤팩트(compact) 설계, 고에너지 전력원, 저전력 컴퓨팅의 혁신을 발전시킬 수 있다. 에너지의 효율을 위해 파리 날개의 움직임을 적용한 마이크로 헬리콥터도 이용되고 있다.

만약 이와 같은 로봇 개발이 실현된다면 에너지를 절감하며 오랫동안 비행시킬 수 있어 스파이 활동, 붕괴한 건물 안에서의 수색이나 구조 활동과 같은 다양한 임무를 수행할 수 있을 것이다.

바다 위의 비행기지, 항공모함

 지난 2013년 5월, 미국의 핵추진 항공모함인 '니미츠호(97,000톤급)'가 부산에 입항했다. 한미 양국이 천안함 피격사건 이후 정기적으로 실시하는 해상훈련을 위해서였다. 니미츠호는 길이 332m, 너비 76m로 일반 축구장 세 배 넓이의 비행갑판을 갖추고 있으며 높이는 23층 건물과 맞먹는다. 최고 속력 30노트(시속 56km)인 이 항공모함은 2기의 원자력발전기를 갖추고 있어 재충전 없이 20년간 운항할 수 있다.

 또 유도미사일과 요격미사일 등 첨단무기로 무장하고, 슈퍼 호넷 전투기(F/A-18E/F)와 조기 경보기(호크아이 2000), 전자전투기(EA-6B), 공격용 헬기 등 항공기 80여 대를 탑재하고

부산항에 입항한 미국의 항공모함 '니미츠호'

있다. 그리고 항공모함 주위에는 항모항공여단(CVW), 항모타
격단(CSG)을 비롯해 이지스 구축함, 미사일 순양함 등이 항
상 배치된다.

미국은 현재 항공모함을 가장 많이 보유한 국가로 현존하

는 항공모함 가운데 가장 규모가 큰 니미츠급 항공모함 10척과 엔터프라이즈급 항모 1척을 운영 중이다. 미국의 항공모함 역사에서 엔터프라이즈급이 1세대라면 니미츠급은 2세대에 해당한다.

세계 최초의 항공모함은 1918년부터 1944년 말까지 사용된 영국 해군의 아거스(HMS Argus)다. 이후 미국과 프랑스, 러시아, 이탈리아, 스페인, 인도, 브라질, 중국 등이 항공모함을 건조했다. 하지만 현재 미국만이 원자로를 가동하는 핵동력 항모를 운용 중이고, 그 외에는 1,400~67,500톤의 경·중형 항공모함으로 디젤 엔진 등의 재래식 동력을 쓴다.

이웃 국가 일본도 최근에는 항공모함 개발에 박차를 가하고 있다. 일본은 아직 항공모함 보유국에 포함되지 않지만 헬

2013년 8월 일본이 진수한
항공모함급 헬리콥터 운반선(호위함)

리콥터 운반선 2척을 보유하고 있고, 최근 19,500톤 규모의 세 번째 헬리콥터 운반선을 진수했는데, 이 운반선은 사실 항공모함이나 마찬가지다. 또 추가 건조할 헬기 탑재 항공모함형 호위함은 통상적인 호위함의 3~4천 톤보다 훨씬 커 오히려 경량급 항공모함(3~5만 톤)에 가까우며, 미 해군이 보유한 최신예 원자력 추진항공모함 '조지워싱턴'의 약 75% 크기다. 이 호위함은 14대의 헬기를 탑재하고, 5대가 동시에 뜨고 내릴 수 있으며 반(反)잠수함 작전 능력 향상을 위해 9대의 반잠수함 정찰기 탑재가 가능하다.

미국의 항공모함이 한반도에 나타나면 가장 긴장하는 나라가 중국이다. 중국도 항공모함 랴오닝(遼寧)함을 갖고 있지만 아직 미국의 상대가 되지 않는다는 것이 군사전문가들의 평가다. 하지만 미국의 항공모함도 두려워하는 중국의 비밀무기가 있으니 중국의 탄도미사일 '둥펑(東風)-21C'가 그것이다.

다른 나라에서 항공모함을 겨냥한 탄도미사일 개발을 배제한 이유는 탄도미사일이 대기권 밖에 진입했다가 떨어지기 때문에 체공시간 동안 이동표적의 위치가 달라진다면 맞출 수 없기 때문이다. 빠르기는 하지만 항공모함 등 이동표적을 겨냥한 미사일로는 맞지 않다는 것이다.

하지만 탄도미사일의 장점은 여전히 많다. 초속 약 3km로 F-15 전투기 최대속도의 약 4배에 이르는 빠른 속도를 자랑하기 때문에 발사에서부터 목표지점 도달시간이 매우 짧다. 만약 중국이 대함미사일로 탄도미사일을 개발했다면 방어체계가 구축되지 않는 미국의 항공모함은 속수무책으로 당할 수밖에 없다.

실전 배치된 둥펑-21C는 사정거리 1,500km에 오차범위가 10m로 매우 정확한 편이다. 이 탄도미사일은 방공시스템을 피해 항공모함을 타격한 후 14층으로 된 갑판을 뚫고 2차 폭발하면서 선체 바닥에 큰 구멍을 내 20분 내에 항공모함을 격침시킬 수 있다.

적을 꿰뚫어보는 눈, 인공위성

지난 2012년, 우리나라는 상용위성인 아리랑 3호를 성공적으로 발사했다. 아리랑 3호의 발사 성공으로 우리나라는 미국과 유럽, 이스라엘에 이어 상용위성을 가진 세계 네 번째 국가로 이름을 올렸다.

아리랑 3호의 해상도는 가로, 세로 70cm인 지상 물체를 판별해낼 수 있는 수준으로 중형차와 소형차를 구분하고, 도로에 그려진 교통표지를 구분할 수 있다. 건물과 도로를 겨우 분간했던 아리랑 1호보다 89배, 버스와 승용차를 구분했던 아리랑 2호에 비해 2배 이상 정밀한 셈이다.

아리랑 2·3호가 모두 가동되면 하루 3.5회 이상 한반도를 촬영할 수 있게 된다. 그리고 2014년 열 감지가 가능한 적외선 관측위성 '아리랑 3A호'가 발사에 성공하면 핵실험 등 북한의 어떤 군사적 움직임도 사전에 감지할 수 있게 된다.

우리나라는 현재 다목적실용위성 아리랑 2·3호, 정지궤도 통신해양위성 천리안 등 3기의 위성을 운용 중이며, 민간에서는 통신위성인 무궁화 5호, 올레 1호, 한별위성이 운용 중이다. 하지만 아리랑 2·3호만으로는 지상관측 능력이 부족하다는 지적도 많다. 가시광선을 감지하는 아리랑 2·3호는 밤이 되거나 구름이 많이 낀 날에는 무용지물이다. 2010년 11월 북한의 연평도 포격 당시 아리랑 2호가 위성 영상을 제때 제공하지 못한 것도 구름 낀 날씨 때문이었다.

미 정보 당국은 약 100여 개의 군사용 인공위성을 운영하고 있다. 이 인공위성의 역할은 감시정찰이다. 지상을 관측하기 위한 정찰위성은 지구 위 어느 상공에 멈춰있는 것이 아니라 약 600km 고도에서 하루에 지구를 4~6바퀴씩 돌고 있다.

한미 연합군은 북한의 이상 징후가 감지되면 대북정보감시 태세인 워치콘(Watch Condition)을 격상시키고, 인공위성 안에 있는 연료를 사용해 한반도를 집중 감시한다. 하지만 한번 연료를 사

아리랑 3호

우주궤도를 선회 중인 미국의 위성

용할 때마다 그만큼 인공위성의 수명이 짧아진다는 점을 감안해야 하므로 워치콘 격상은 그리 간단한 일이 아니다.

현재 각국에서 운영하고 있는 비밀군사위성 수는 약 900여 기 정도 되는데, 전문가들은 이중 30%가 정확한 목적이 공개되지 않은 군사정찰용 인공위성으로 추정하고 있다.

거대 발사시설과 굉음을 내는 로켓 등이 있어야만 인공위성을 우주공간으로 보낼 수 있기 때문에 발사 자체를 숨기는 것은 사실상 불가능하다. 하지만 우주 강국들은 발사되는 탑재 위성의 정체를 숨기고, 그야말로 '눈 가리고 아웅' 식으로 작전을 수행한다. 군사정찰용 위성을 보유하고 있는 것으로 확인된 국가는 미국과 러시아, 중국, 일본, 이스라엘 등 약

10여 개국 이상이다.

　물론 감시를 위한 인공위성이 있다면 감시를 당하지 않기 위한 요격시스템도 있다. 위성요격은 1985년 8월 13일 미국에서 처음으로 성공했다. 당시 미 공군은 위성요격을 위해 F-15 전투기를 이용했다. F-15 전투기는 지상 24km까지 올라가 수직으로 미사일을 발사해 지구 상공 555km에 있던 우주관측위성을 파괴했다.

　위성요격 무기개발은 2007년 1월 11일 중국이 탄도미사일을 발사해 자국의 기상위성을 파괴하면서 불이 붙었다. 미국 역시 전투

위성요격을 위해
발사되는 미사일

기를 이용한 위성요격을 중단하고, 이듬해 2월 해군 함정에서 탄도미사일을 발사해 고장 난 자국 첩보위성을 파괴하는 데 성공했다. 이후 위성요격 무기는 미사일 중심으로 발전했다.

최근에는 공상과학 영화에 등장하는 것처럼 레이저를 쏘아 위성을 파괴하는 기술도 개발 중이다. 미 공군은 지난 2007년 보잉 747기 앞머리에 장착한 저출력 레이저 발생기로 무인기를 파괴했으며, 2010년에는 고출력 레이저로 무인기 요격에 성공했다. 보잉 747기 내부에는 레이저를 만드는 발전기가 들어 있다.

최후의 선택, 핵무기

북한은 핵무기 보유국인가? 우리 정부는 북한을 핵무기 보유국으로 보기는 아직 힘들다고 판단한다. 2013년 2월 북한이 3차 핵실험을 강행하면서 감지된 인공지진의 규모는 4.9로 지진 규모로만 본다면 1, 2차 핵실험 때보다 폭발력은 훨씬 세다. 하지만 핵무기 보유를 위한 최종단계인 소형화를 완성하지 못했다는 것이 정부의 판단이다.

핵무기 보유국이 되려면 모두 4단계를 완성해야 한다. 1단계는 핵물질 획득과 기폭장치 개발, 2단계는 핵무기 제조, 3단계는 핵실험, 4단계는 소형화를 통한 전력화다.

북한의 입장에서 1단계인 핵물질 획득에 대해서는 걱정할

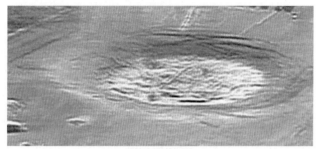
북한의 핵실험 모습

게 없다. 북한의 우라늄 매장량은 2,600만 톤에 이를 정도로 풍부하고, 순도도 높은 것으로 알려졌다. 고농축 우라늄을 이용해 실험을 성공적으로 마쳤다면 앞으로 대량 핵무기를 생산할 수 있을 것으로 보인다. 또 북한이 보유한 2,000대의 원심분리기를 가동한다면 연간 40kg의 고농축 우라늄을 생산할 수 있을 것이다.

우라늄탄은 방사능 누출 위험도 적고, 오래 보관하더라도 파괴력이 유지돼 관리가 쉽다는 장점이 있다. 그러나 북한의 우라늄 농축기술 확보여부에 대해서는 아직 회의적인 시각이 많다. 북한이 1998년 파키스탄에서 원심분리기 20개와 설계도를 확보하고, 원심분리기 제조를 위해 특수 알루미늄 150톤을 수입한 정황이 있지만, 원심분리기를 가동하기 위한 시스템 확보는 미지수라는 것이다.

플루토늄탄은 동위원소의 불안전성과 고폭장치 결합작업

에 정밀도를 요구한다는 단점이 있다. 또 핵실험을 반드시 거쳐야 하기 때문에 외부에 노출이 쉽고, 전시에는 공격당할 가능성도 많다. 게다가 장기간 보관 시 파괴력이 급격히 떨어진다. 미국이 1945년 8월 6일 일본 히로시마에 떨어뜨린 핵폭탄은 고농축 우라늄으로 만든 것이었고, 사흘 뒤인 8월 9일 나가사키에 투하한 것은 플루토늄탄이었다.

북한은 핵물질을 일시에 압축해 핵폭발을 유도하는 내폭형 장치를 집중적으로 개발해 1980년대 후반부터 100여 차례 이상의 고폭 실험을 했고, 실제 핵실험을 통해 위력을 높인 것으로 알려졌다.

핵무기 제조 또한 그동안의 시험을 통해 어느 정도 기술력을 보유한 것으로 파악되고 있다. 2006년 10월 9일과 2009년

북한의 핵무기 제조시설로 추정되는 지역

일본 히로시마에 원자폭탄 투하 후 모습

5월 25일에 각각 진행된 1차와 2차 핵실험은 모두 플루토늄 방식으로 진행됐다.

하지만 아직 수소폭탄 직전 단계인 증폭핵분열탄(Boosted Fission Weapon)에 돌입했다고 보기는 어렵다. 그럼에도 불구하고 주변국들이 증폭핵분열탄에 관심을 갖는 것은 북한이 증폭핵분열탄 실험에 성공할 경우, 핵무기 중량을 1톤 이하로 줄여 스커드미사일이나 노동미사일에 탑재할 수 있기 때문이다. 인도도 지난 1974년 1차 핵실험에 이어 1998년 2차 핵실험을 실시한 뒤 핵무기 소형화에 성공했다. 파키스탄도

1980년대 중반에 핵물질을 뺀 핵폭발장치 폭발실험을 20여 회 실시한 후, 이를 기초로 1998년 핵 실험에서 핵무기 소형화에 성공했다.

특히 북한은 장거리 로켓 발사 성공으로 사거리 1만 km 이상의 장거리 미사일 능력을 거의 확보했기 때문에 핵탄두의 소형화·경량화를 달성하면 미국 본토를 위협할 수 있는 대륙간탄도미사일 개발에 바짝 다가서게 된다.

지금까지 핵탄두 소형화에 성공한 나라는 미국과 러시아, 영국, 중국, 인도, 파키스탄 등이다. 이중 미국은 소형핵탄두를 장착한 크루즈미사일을 개발했고, 인도를 제외한 다른 나라들은 잠수함에서 발사하는 소형핵탄두 미사일을 운용 중이다.

첨단무기의 세계

펴낸날	초판 1쇄 2013년 8월 30일

지은이	**양낙규**
펴낸이	**심만수**
펴낸곳	(주)살림출판사
출판등록	1989년 11월 1일 제9-210호

주소	경기도 파주시 문발동 522-1
전화	031-955-1350 팩스 031-624-1356
기획 · 편집	031-955-4662
홈페이지	http://www.sallimbooks.com
이메일	book@sallimbooks.com

ISBN	978-89-522-2709-6 04080

※ 값은 뒤표지에 있습니다.
※ 잘못 만들어진 책은 구입하신 서점에서 바꾸어 드립니다.

이 도서의 국립중앙도서관 출판시도서목록(CIP)은 서지정보유통지원시스템 홈페이지
(http://seoji.nl.go.kr)와 국가자료공동목록시스템(http://www.nl.go.kr/kolisnet)에서
이용하실 수 있습니다.(CIP제어번호: CIP2013015747)

책임편집	**최진**

126 초끈이론 아인슈타인의 꿈을 찾아서   `eBook`

박재모(포항공대 물리학과 교수) · 현승준(연세대 물리학과 교수)

빠르게 발전하고 있는 초끈이론을 일반대중이 이해할 수 있도록
쉽게 풀어쓴 책. 중력을 성공적으로 양자화하고 모든 종류의 입자
와 그들 간의 상호작용을 포함하는 모형으로 각광받고 있는 초끈
이론을 설명한다. 초끈이론을 이해하기 위해 필요한 양자역학이
나 일반상대론 등 현대물리학의 제 분야에 대해서도 알기 쉽게 소
개한다.

125 나노 미시세계가 거시세계를 바꾼다   `eBook`

이영희(성균관대 물리학과 교수)

박테리아 크기의 1000분의 1에 해당하는 크기인 '나노'가 인간
세계를 어떻게 바꿔 놓을 것인지에 대한 해답을 제시하는 책. 나
노기술이란 무엇이고 나노크기의 재료들은 어떻게 만들어지는가,
나노크기의 재료들을 어떻게 조작해 새로운 기술들을 이끌어내는
가, 조작을 통해 어떤 기술들을 실현하는가를 다양한 예를 통해 소
개한다.

448 파이온에서 힉스 입자까지   `eBook`

이강영(경상대 물리교육과 교수)

누구나 한번쯤 '우주는 어디에서 시작됐을까?' '물질의 근본은 어
디일까?'와 같은 의문을 품어본 적은 있을 것이다. 물질과 에너지
의 궁극적 본질에 다가서면 다가설수록 우주의 근원을 이해하는
일도 쉬워진다고 한다. 이 책은 바로 이러한 질문들의 해답을 찾기
위해 애쓰는 물리학자들의 긴 여정을 담고 있다.

035 법의학의 세계   `eBook`

이윤성(서울대 법의학과 교수)

최근 드라마나 영화를 통해 일반인의 호기심을 자극하고 있지만
거의 알려지지 않은 법의학을 소개한 책. 법의학의 여러 분야에 대
한 소개, 부검의 필요성과 절차, 사망의 원인과 종류, 사망시각 추
정과 신원확인, 교통사고와 질식사 그리고 익사와 관련된 흥미로
운 사건들을 통해 법의학에 대한 이해를 돕는다.

395 적정기술이란 무엇인가 `eBook`

김정태(적정기술재단 사무국장)

적정기술은 빈곤과 질병으로부터 싸우고 있는 전 세계의 사람들에게 희망을 안겨주는 따뜻한 기술이다. 이 책에서는 적정기술이 탄생하게 된 배경과 함께 적정기술의 역사, 정의, 개척자들을 소개함으로써 적정기술에 대한 기본적인 이해를 돕고 있다. 소외된 90%를 위한 기술을 통해 독자들은 세상을 바꾸는 작지만 강한 힘이란 무엇인가에 대해서 알 수 있을 것이다.

022 인체의 신비

이성주(코리아메디케어 대표)

내 자신이었으면서도 여전히 낯설었던 몸에 대한 지식을 문학, 사회학, 예술사, 철학 등을 접목시켜 이야기해 주는 책. 몸과 마음의 신비, 배에서 나는 '꼬르륵' 소리의 비밀, '키스'가 건강에 이로운 이유, 인간은 왜 언제든 '사랑'할 수 있는가에 대한 여러 학설 등 일상에서 일어나는 수수께끼를 명쾌하게 풀어 준다.

036 양자 컴퓨터 `eBook`

이순칠(한국과학기술원 물리학과 교수)

21세기 인류 문명에서 가장 중요한 요소 중의 하나로 꼽히는 양자 컴퓨터의 과학적 원리와 그 응용의 효과를 소개하는 책. 물리학과 전산학 등 다양한 학문적 성과의 총합인 양자 컴퓨터에 대한 이해를 통해 미래사회의 발전상을 가늠하게 해준다. 저자는 어려운 전문용어가 아니라 일반 대중도 이해가 가능하도록 양자학을 쉽게 설명하고 있다.

214 미생물의 세계 `eBook`

이재열(경북대 생명공학부 교수)

미생물의 종류 및 미생물과 관련하여 우리 생활에서 마주칠 수 있는 여러 현상들에 대해, 알기 쉽게 풀어 설명한다. 책을 읽어나가며 독자들은 미생물들이 나름대로 형성한 그들의 세계가 인간의 그것과 다름이 없음을, 미생물도 결국은 생물이고 우리와 공생하고 있다는 사실을 알 수 있을 것이다.

375 레이첼 카슨과 침묵의 봄   `eBook`

김재호(소프트웨어 연구원)

『침묵의 봄』은 100명의 세계적 석학이 뽑은 '20세기를 움직인 10권의 책' 중 4위를 차지했다. 그 책의 저자인 레이첼 카슨 역시 「타임」이 뽑은 '20세기 중요인물 100명' 중 한 명이다. 과학적 분석력과 인문학적 감수성을 융합하여 20세기 후반 환경운동에 절대적 영향을 준 레이첼 카슨과 『침묵의 봄』에 대한 짧지만 알찬 안내서.

277 사상의학 바로 알기   `eBook`

장동민(하늘땅한의원 원장)

이 책은 사상의학이라는 단어는 알고 있지만 심리테스트 정도의 흥밋거리로 알고 있는 사람들에게 바른 상식을 알려 준다. 또한 한의학이나 사상의학을 전공하고픈 학생들의 공부에 기초적인 도움을 준다. 사상의학의 탄생과 역사에서부터 실생활에서 적용할 수 있는 간단한 사상의학의 방법들을 소개한다.

356 기술의 역사 멘석기에서 유전자 재조합까지

송성수(부산대학교 기초교육원 교수)

우리는 기술을 단순히 사물의 단계에서 생각하기 쉽다. 하지만 기술에는 인간의 삶과 사회의 배경이 녹아들어 있다. 기술의 역사를 통해 우리는 기술과 문화, 기술과 인간의 삶을 연결시켜 생각할 수 있게 될 것이다. 이 책을 읽은 후 주변에 있는 기술을 다시 보게 되면, 그 기술이 뭔가 다른 느낌으로 다가올 것이다.

319 DNA분석과 과학수사   `eBook`

박기원(국립과학수사연구소 연구관)

범죄수사에서 유전자분석에 대한 관심이 커지고 있지만 간단하게 참고할 만한 책은 거의 없는 실정이다. 이 책은 적은 분량이지만 가능한 모든 분야와 최근의 동향을 소개하고 있다. 특히, 내용의 이해를 돕기 위하여 서래마을 영아유기사건이나 대구지하철 참사 신원조회 등 실제 사건의 감정 사례를 소개하는 데도 많은 비중을 두었다.

과학 · 기술

㈜살림출판사
www.sallimbooks.com
주소 경기도 파주시 문발동 522-1 | 전화 031-955-1350 | 팩스 031-955-1355